Wieder zufrieden im Beruf

AF155023

Bibliografische Information der Deutschen Bibliothek
Die Deutsche Bibliothek verzeichnet diese Publikation in der Deutschen Nationalbibliografie; detaillierte bibliografische Daten sind im Internet über https://portal.dnb.de abrufbar.

ISBN Paperback: 978-3-9824346-2-9
ISBN E-Book: 978-3-9824346-1-2

Lektorat: Bianca Weirauch
Korrektorat: Bianca Weirauch
Coverdesign: Daniel Sanjuan
Satz & Layout: Johann-Christian Hanke
Druck: tredition GmbH, Halenreie 40-44, 22359 Hamburg
Bildnachweis: ©iStock.com/CHIARI_VFX

Christian Repplinger
StopOver Verlag
Trompeterstrasse 9
65527 Niedernhausen
https://repplinger.com
autor@repplinger.com

Sichere dir das begleitende PDF-Arbeitsbuch. Das »Logbuch« mit allen Vorlagen und Übungen ist für Leser gratis.
https://repplinger.com/logbuch

—CHRISTIAN REPPLINGER—

Wieder
ZUFRIEDEN
im Beruf

Von der Arbeit, die du hast,
zu der Arbeit, die du willst

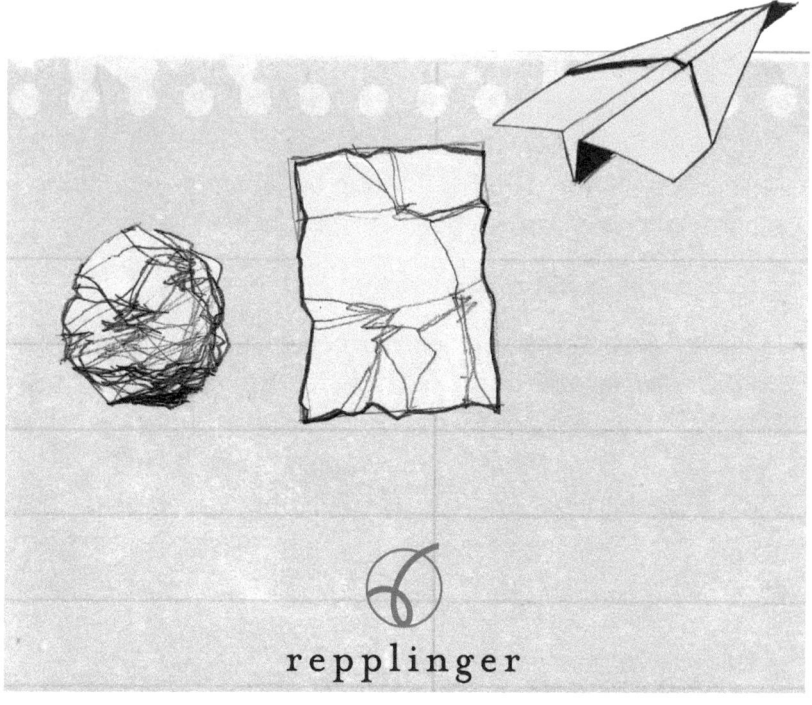

repplinger

Zum Buch

Ich bin mit meiner Arbeit nicht mehr zufrieden.
Muss ich mich damit abfinden?

Was kann ich tun, um berufliche Zufriedenheit,
Anerkennung und Motivation zurückzugewinnen?

Sieben von zehn Berufstätigen sind unzufrieden mit ihrer Arbeit.

Dem Autor ging es nach den ersten Berufsjahren auch so. Seitdem beschäftigt er sich mit diesen Fragen und vor allem damit, überzeugende Antworten darauf zu entwickeln.

Für sich hat er den Ausweg aus einer frustrierenden beruflichen Sackgasse in eine berufliche Zukunft nach eigenen Vorstellungen gefunden. Christian Repplinger ist heute Business Coach und Newplacement Berater.

Als Experte für die Entwicklung beruflicher Perspektiven begleitet er seit 25 Jahren andere Berufstätige auf ihrem Weg zu realistischen Optionen, inspirierenden Perspektiven und einem zuversichtlichen Aufbruch.

In diesem Arbeitsbuch veröffentlicht er zum ersten Mal dieses gebündelte Wissen und zeigt, wie Zufriedenheit im Beruf Schritt für Schritt in eigener Regie wiederherzustellen ist.

Clevere Zaubertricks und schnelle Patentrezepte wirst du hier nicht finden. Stattdessen erhältst du Zugriff auf fundiertes Hintergrundwissen, praxistaugliche Lösungsansätze, erhellende Übungen und ein exklusives Modell, mit dem viele Menschen ihren Weg erfolgreich geplant und umgesetzt haben.

Bist du auf der Suche nach einer begeisternden beruflichen Perspektive? Dann erwartet dich ein bewährtes System, das dir Impulse, Orientierung und Handlungsoptionen gibt.

Bist du bereit, dich aktiv und vorbehaltlos einzubringen? Dann findest du vielfältige Vorschläge und erprobte Ansätze dazu, wie du deinen individuellen Weg planen und mutig in die bestmögliche Zukunft aufbrechen kannst.

Zur Sprache

Den Anspruch, eine gesellschaftliche Ächtung und Abschaffung von Diskriminierung auch sprachlich zu vollziehen, halte ich für alternativlos. Die gendergerechte Umsetzung dieses Vorsatzes im Einzelfall fällt mir weniger leicht. Den Binnenstern * finde ich zu sperrig. Die kurze Präambel mit der Bitte um Verständnis für die Verwendung der männlichen Form und der Hoffnung auf Nachsicht bei allen anderen Geschlechtern ist mir zu plump.

Die optimale Form gibt es nicht, zumindest habe ich sie für mich nicht entdeckt. Mein Angebot: Wo möglich, werde ich geschlechterneutrale Begriffe verwenden. Wenn mir dazu kein stimmiges Wort einfällt, adressiere ich an die Pilotin und den Kapitän wahlweise in der weiblichen oder der männlichen Form.

Ähnlich ambivalent ist für mich die Entscheidung für die direkte Ansprache der Lesenden mit dem formaleren »Sie« oder dem persönlicheren »Du«. Dieses Buch thematisiert die Entwicklung beruflicher Perspektiven und schöpft dazu vor allem aus persönlichen Quellen. Deshalb habe ich mich zum »Du« entschlossen.

Bei beiden Entscheidungen hoffe ich darauf, dass du dich bestmöglich angesprochen fühlst. Mein Anliegen ist erfüllt, wenn die Wahl bei dir so ankommt, wie sie gemeint ist: Als Zeichen des Respektes und als Angebot zum ungeschminkten Dialog.

Inhaltsverzeichnis

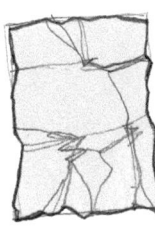

1. UNZUFRIEDEN

So ist das im Leben:
Wenn sich eine Tür schließt, öffnet sich eine andere.
Die Tragik liegt darin, dass wir nach der geschlossenen
Tür blicken, nicht nach der offenen.
André Gide

November 1995. Montagmorgen. Schonungslos reißt mich der Wecker aus dem Schlaf.

Erst gegen Morgen bin ich ausgelaugt eingeschlafen. Endloses Grübeln über Pflichten, Hoffnungen und Sorgen haben mich wachgehalten. Kurz spiele ich mit dem Gedanken, liegen zu bleiben. Dann siegen Pflichtbewusstsein und schlechtes Gewissen über Erschöpfung und inneren Widerstand.

Ein zuversichtliches Aufwachen und die Vorfreude auf einen überwiegend erfreulichen Arbeitstag habe ich lange für selbstverständlich gehalten. Seit einiger Zeit aber fühle ich mich zunehmend morgens schon unzufrieden, gereizt und verunsichert. Dabei sieht es für Außenstehende wohl so aus, als sei alles in bester Ordnung.

Mit 33 Jahren leite ich die IT-Abteilung eines internationalen Konzernes. Als Führungskraft verdiene ich gut. Meine Frau und ich haben zusammen ein Haus gekauft. Gemeinsam erwarten wir froh und aufgeregt die Geburt unserer ersten Tochter.

Alles bestens also? Im privaten und familiären Leben empfinde ich das so. Beruflich sieht es anders aus.

Äußere Umstände und andere Menschen haben mehr und mehr die Kontrolle über mein Berufsleben übernommen. Ich fühle mich bevormundet und zu Entscheidungen sowie Aktivitäten gedrängt, mit denen ich mich Tag für Tag weniger identifizieren kann. Hinzu kommt die wachsende Erkenntnis, dass meine Aufgabe mich inhaltlich immer weniger ausfüllt.

1.1 Berufliche Sackgasse

Mir fehlt etwas. Ich kann aber nicht klar beschreiben, was es ist. Vor allem sehe ich keine motivierende Alternative. Ich bin rastlos, mutlos und enttäuscht. Die nachteiligen Auswirkungen auf Stimmung, Leistungsfähigkeit und eben auch Schlaf sind kaum mehr zu übersehen.

Bin ich zu sensibel, zu naiv, zu anspruchsvoll?

Kann ich mir als werdender Familienvater solche Empfindlichkeiten erlauben oder ist das verantwortungslos?

Soll ich mich zusammenreißen, mich mit dem Elend abfinden?

Gibt es überhaupt realistische Alternativen und Perspektiven?

Und wenn es sie gibt, wie kann ich sie finden und realisieren?

Diese drängenden Fragen haben mir damals keine Ruhe gelassen, weder am Tag noch in der Nacht.

1.2 Wendepunkt

Damals kam es zur ersten drastischen Wende auf meinem Berufsweg. Im Rückblick sehe ich drei Menschen, die mit ihrem Verhalten zum Durchbruch und Ausbruch aus dieser belastenden Abwärtsspirale meiner zunehmend quälenden Unzufriedenheit beigetragen haben.

Da war der väterliche Freund und Mentor, der Rastlosigkeit und Unzufriedenheit nicht beschwichtigt, sondern bestärkt und ihr Richtung und Sinn gegeben hat.

Meine Frau, die mir mit bedingungslosem Vertrauen den Schritt ins Unbekannte möglich und Mut gemacht hat.

Ein Vorgesetzter, der mir mit seiner letzten, endgültig inakzeptablen Anweisung den unwiderruflichen Abschied ungewollt vereinfacht hat.

Trotz aller Verunsicherung und offener Fragen war ab da eines klar: So, wie es war, konnte und durfte es nicht weitergehen.

Ich wollte mein Leben und meine Arbeit nicht dem Zufall oder anderen Menschen überlassen. Ich war entschlossen, meine Zukunft selbst in die Hand zu nehmen und einen Weg zurück in eine zufriedenstellende und erfüllende berufliche Zukunft zu finden.

Mit diesen Vorsätzen und Zielen begann damals eine Reise, die ich zuerst selbst und danach als Reisebegleiter von anderen Menschen viele Male angetreten und bewältigt habe.

1.3 Zeitsprung

25 Jahre später. Als Business Coach bin ich tatsächlich angekommen in einem Beruf, der mich erfüllt und zufrieden macht. Ich arbeite mit Berufstätigen an unterschiedlichen Zielstellungen.

Meine Kernkompetenz, Erfahrung und Begeisterung haben sich dabei beständig hin zu einem Thema entwickelt:

Die Begleitung von Menschen, die das Bedürfnis und den Anspruch haben,

▪ sich mit der akuten beruflichen Unzufriedenheit nicht abzufinden, sondern neue, begeisternde und realistische Perspektiven zu entwickeln,

▪ die Kontrolle über die eigene Entwicklung wieder selbst zu übernehmen, ihren Weg zu planen und aktiv zu gestalten,

▪ passende Antworten zu finden, selbstbewusst, optimistisch und gut vorbereitet in eine bessere berufliche Zukunft aufzubrechen.

Die geschilderte Kombination aus Gewissheit (»So darf es nicht weitergehen.«) und Verunsicherung (»Wie denn sonst?«) war 1995 der Ausgangspunkt meiner beruflichen und persönlichen Entwicklung.

Über Monate und Jahre habe ich alle relevanten Informationen, Ansätze und gut gemeinten Ratschläge gesammelt, ausgewertet und ausprobiert. Was kann ich? Was will ich? Wo ist mein Platz?

Diese Fragen und meine individuellen Antworten darauf waren die Koordinaten, die mir auf dieser Reise Orientierung und Sicherheit gegeben haben.

Nach und nach ist aus der Fülle an Daten, Erkenntnissen und Lösungsansätzen eine schlüssige und anwendbare Struktur gewachsen.

In einer Vielzahl von Begegnungen und Begleitungen von ähnlich Betroffenen hat sich dieser Prozess kontinuierlich weiterentwickelt und bewährt. In diesem Buch wird er zum ersten Mal vollständig abgebildet und für alle Interessierten umsetzbar dargestellt.

1.4 Motivation? Fehlanzeige!

Zu Beginn meiner eigenen Reise war ich nicht so sicher, ob ich zu Recht unzufrieden oder aber ein übertrieben sensibler Einzelfall mit unrealistischen Ansprüchen bin.

Im Laufe der Recherchen hat es mich dann erst überrascht und anschließend erschüttert, wie viele Menschen im Gespräch eine vergleichbare Betroffenheit einräumen.

Unterschiedliche repräsentative Studien belegen und bestätigen den ernüchternden Eindruck. Ein Beispiel, zitiert aus der FAZ:[1]

> *Motivation am Arbeitsplatz? Fehlanzeige. Die meisten Arbeitnehmer in Deutschland machen nur noch Dienst nach Vorschrift – und würden am liebsten sofort kündigen. ... Eigentlich wissen Sie gar nicht, warum Sie überhaupt noch für Ihr Unternehmen arbeiten. Vielleicht spielen Sie sogar mit dem Gedanken, zu kündigen.*

Wenn Ihnen dieses Szenario bekannt vorkommt, geht es Ihnen wie den meisten Arbeitnehmern in Deutschland. Vier von fünf Mitarbeitern fühlen sich ihrem Unternehmen kaum oder gar nicht emotional verbunden.

Grundlage für diese düstere Momentaufnahme und Bilanz ist eine repräsentative Studie des Beratungsunternehmens Gallup, die regelmäßig aktualisiert und veröffentlicht wird. Für den »Engagement Index Deutschland« befragt Gallup 1000 zufällig ausgewählte Beschäftigte zu ihrer Motivation am Arbeitsplatz. Die Studie zeichnet 2018 ein erschreckendes Bild[2].

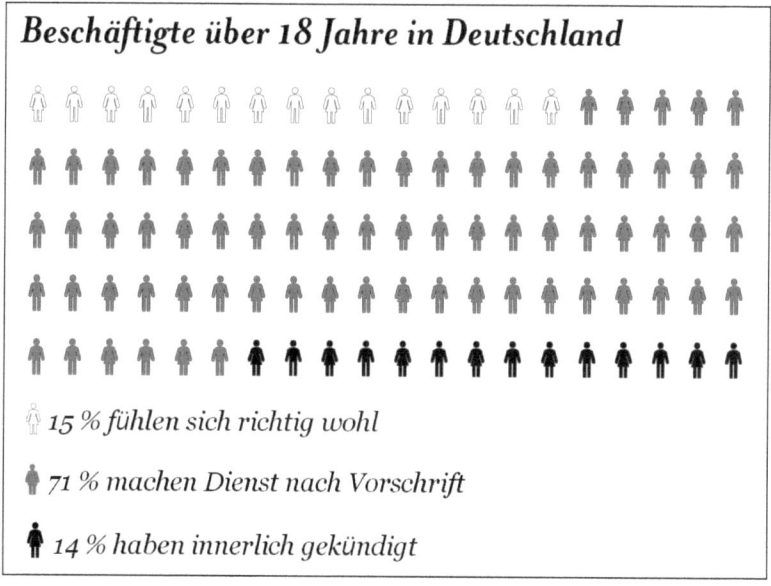

Abbildung 1: Engagement Index Deutschland

Engagierte Berufstätige investieren im Durchschnitt 70 Prozent ihrer wachen Stunden in ihre Arbeit. Folgt man den zitierten Studien, dann sind sie in dieser Zeit also überwiegend unzufrieden, frustriert oder unglücklich.

Das resignierte Abschreiben dieser wertvollen Lebenszeit ist eine vordergründig bequeme und auf den ersten Blick offensichtlich naheliegende Reaktion. Darauf deuten jedenfalls Erklärungen wie die folgenden hin.

Ich muss nur noch sieben Jahre arbeiten. Die Zeit kriege ich schon irgendwie rum.

Wenn ich nur die Zähne zusammenbeiße, dann wird's schon irgendwann und irgendwie besser werden.

Den Kolleginnen geht's auch nicht besser. Offensichtlich muss man sich mit diesem Elend abfinden.

Diese und ähnliche Sätze sind im Coaching immer wieder gefallen. Teilweise habe ich in der Folgezeit die traurigen und in Einzelfällen tatsächlich fatalen Konsequenzen beobachten müssen.

Alarmierende Symptome

Ein Teil der Betroffenen beschreibt die negative Entwicklung wie eine schleichende und sich verschlimmernde Vergiftung. Bei anderen kommt die Infektion überraschend, wie aus heiterem Himmel. Die Wirkung ist jedenfalls immer eine individuelle Mixtur aus belastenden Symptomen:

- Ratlosigkeit. Fehlende Klarheit. Quälende Fragen nach dem Warum und nach den eigenen Fehlern.

- Nervosität und Unausgeglichenheit. Ungeduld. Schwindende Gelassenheit.

- Verunsicherung. Zukunfts- und Existenzangst. Angeschlagenes Selbstbewusstsein.

- Kraft-, Mut- und Hoffnungslosigkeit. Resignation. Lethargie.

- Orientierungslosigkeit. Fehlende Perspektive. Keine lohnenden Ziele.

- Fremdbestimmung. Bevormundung. Das Gefühl, ausgeliefert und getrieben zu sein.

- Enttäuschung. Trotz. Hilflose Wut.

- Einsamkeit. Der Eindruck, kaltgestellt zu werden, nicht mehr dazuzugehören.

- Erschöpfung. Hamsterrad. Im Kreis drehen. Kampf gegen Windmühlen.

- Sinnlosigkeit. Arbeiten für die Tonne. Wozu das alles?

- Niedergeschlagenheit. Frust. Eine wachsende und zunehmend belastende Unzufriedenheit.

Die akuten Auswirkungen und die Langzeitfolgen dieser Entwicklung für Geist und Körper, berufliche Begeisterung, Erfolg und Anerkennung sind vielfältig, teilweise katastrophal, immer bedrückend.

Hinzu kommt die belastende Wirkung auf nahestehende Menschen.

1.5 Auswege

Die Zahlen und die damit verbundenen Auswirkungen und Einzel-
schicksale sind aus meiner Sicht schockierend und inakzeptabel.

Für alle, die das genauso empfinden, gibt es eine ermutigende
Nachricht.

Berufliche Unzufriedenheit ist nicht der Normalzustand.
Es ist kein unabwendbarer Schicksalsschlag,
keine unheilbare Krankheit.
Du hast eine Wahl, du kannst gegensteuern.

Zu dieser festen Überzeugung stehe ich,

- weil ich den Weg raus aus dem Elend in eine selbstbestimm-
  te und befriedigende berufliche Zukunft selbst zurückgelegt
  habe,

- weil ich als Coach über 25 Jahre mehrere Hundert Menschen
  auf ihrer individuellen Reise unterstützt und begleitet habe,

- weil dabei Erfahrungen, Erkenntnisse und eine Struktur gewachsen sind, die Betroffenen den Weg ebnen und die in
  diesem Buch zum ersten Mal gebündelt verfügbar sind.

Bis 2007 war für mich die Begleitung und Gestaltung von beruflichen Umbrüchen von Einzelfällen und Zufällen getrieben.

Dann gab es einen Wendepunkt im Leben meiner Familie und in
der Folge die konsequente Konzentration auf dieses Thema.

Neuausrichtung in Irland

Eine Zeit im Ausland zu leben, ein fremdes Land kennenzulernen, eine andere Sprache zu sprechen, war für meine Frau und mich viele Jahre lang ein Traum. 2007 konnten wir ihn realisieren und zusammen mit unseren drei Töchtern nach Irland umziehen.

Die Vorfreude auf die Insel, die Menschen und das Meer war groß. Gleichzeitig wollte ich weiter als Coach arbeiten.

Was könnte Kunden dazu bewegen, auf die grüne Insel zu fliegen, um dort mit mir zu arbeiten?

Klar war, dass niemand für eine dreistündige Coaching-Sitzung die Zeit und Kosten investieren würde. Ich brauchte also ein Anliegen und ein Lösungsangebot, das diesen Aufwand rechtfertigte. Fündig wurde ich bei dem Thema, das ich selbst erlebt hatte und das Kunden sinngemäß wie folgt beschrieben haben:

Meine aktuelle Position bietet keine zufriedenstellende Perspektive mehr.

Ich weiß, dass ich so nicht weitermachen will. Weniger sicher bin ich, wo mein Weg alternativ hingehen soll.

Ich habe das dringliche Bedürfnis, meine Zukunft selbstbestimmt in eine Richtung zu steuern, die wieder durch Zufriedenheit, Anerkennung und Motivation geprägt ist.

Bei diesem Anliegen konnte ich auf meine eigenen Erfahrungen sowie auf die seit 1995 gesammelten Informationen, Ideen und Lösungsansätze zurückgreifen.

In den folgenden Monaten ist daraus StopOver entstanden, ein umfassendes, lebensnahes und individuell anpassbares Coaching-Konzept und -Angebot.

StopOver

Der Begriff kommt aus der Luftfahrt. Er steht für einen geplanten Zwischenstopp auf einer Flugreise. Die Unterbrechung wird genutzt, um Treibstoff und Proviant aufzufüllen. Die Pläne für den Weiterflug werden überprüft und wo notwendig angepasst. Wenn alle Wartungsarbeiten abgeschlossen sind und die optimale Route zum Weiterflug geplant und einprogrammiert ist, wird die Reise mit vollem Tank und aktualisierten Zielkoordinaten wieder aufgenommen.

Auftanken. Orientieren. Durchstarten. Diese Beschreibung war für mich damals eine treffende Metapher für den Zwischenstopp an beruflichen Umbrüchen und Wendepunkten.

Aus dieser hoffnungsvollen Idee hat sich das zentrale Thema meiner Arbeit als Coach entwickelt. Meine seit damals bestätigte und beständig gewachsene Kernkompetenz, fachliche Expertise und praktische Erfahrung.

Beim Schreiben dieses Buches blicke ich zurück auf 12 Jahre StopOver, annähernd 300 individuelle Begegnungen sowie zahlreiche weitere »normale« Coaching-Kunden auf der Suche nach einer Zukunft und Arbeit, die tatsächlich den eigenen Stärken, Werten und Anforderungen entspricht.

Das ist die Schatzkiste, aus der ich schöpfe. Unterschiedlichste Kompetenzen, Bedürfnisse, Ideen, Lösungsansätze und Entscheidungen. Jahrelanges Testen und Optimieren der Prinzipien, Übungen und Umsetzungen im realen Arbeitsleben. Individuelle Antworten, das Vertrauen und die wertvollen Rückmeldungen von couragierten Menschen, die sich mit großer Offenheit eingebracht haben.

Die folgenden Kapitel werden dir Schritt für Schritt diesen Prozess erschließen. Auf dem gesamten Weg begleiten und unterstützen dich praxisorientierte Ratschläge, vertiefendes Hintergrundwissen sowie Antworten, die andere gefunden haben, und Wege, die sie gegangen sind.

Wenn es dir gelingt, diese Hilfestellungen aufzunehmen, dann wird dir das Buch als wertvoller Ratgeber, Begleiter und Lotse dabei zur Seite stehen,

- deine Situation und die Entwicklung dahin besser zu verstehen und anwendbare Erkenntnisse für die Zukunft abzuleiten,

- Koordinaten für berufliche Zufriedenheit zu nutzen, um Klarheit und Orientierung zu gewinnen,

- mithilfe **eines exklusiven Modelles** deine aktuelle Situation, die favorisierte Zukunft sowie die entscheidenden Ansatzpunkte zur Trendwende sichtbar und bearbeitbar zu machen,

- motivierende Perspektiven und realistische Handlungsalternativen zu entwickeln, zu bewerten und Entscheidungen zu treffen,

- mit angemessenen Maßnahmen den Weg in die bessere berufliche Zukunft zu planen, einzuschlagen und kontinuierlich zu optimieren.

Du wirst eine Vielzahl von hilfreichen und bewährten Ideen, Methoden und Lösungsansätzen kennenlernen. Dieses Material für sich genommen ist nützlich und aufschlussreich.

Das volle Potenzial des Buches kannst und wirst du dann ausschöpfen, wenn du bereit bist, über die passive Leserrolle hinauszugehen, dich selbst zu hinterfragen, neu zu denken und schlussendlich Entscheidungen zu treffen sowie umzusetzen.

2. KURSWECHSEL

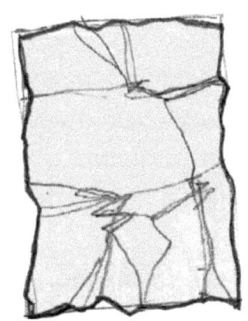

Kein Mensch spaziert dauerhaft auf einer geraden Linie durch das Leben. Krisen und Umbrüche sind unvermeidbare Bestandteile des Berufs- und Lebensweges. Trotzdem sind wir dem Schicksal und anderen Menschen nicht hilflos ausgeliefert.

Die Frage ist nicht, ob sich gewohnte und vielleicht auch lieb gewonnene Umstände verändern. Das wird unweigerlich passieren.

Entscheidend für deine Entwicklung und deine zukünftige Zufriedenheit ist stattdessen die Richtung, in der es anschließend für dich weitergeht.

Kommt dein Berufsweg in einer frustrierenden Sackgasse zum Stillstand? Verausgabst du dich im rückwärtsgewandten und aussichtslosen Widerstand?

Oder gelingt es dir stattdessen, nach einer angemessenen Zeit der Enttäuschung, des Ärgers und der Gegenwehr, diesen Endpunkt als Wendepunkt zu sehen? Entwickelt sich daraus die Möglichkeit, sich einer frischen und motivierenden Perspektive zuzuwenden?

So ist es jedenfalls mir 1995 ergangen. Im Rückblick war das rücksichtslose Verhalten meines Chefs der Anstoß, der es mir endgültig möglich gemacht hat, eine trügerische Sicherheit loszulassen und in eine befriedigendere Zukunft aufzubrechen.

So habe ich es in den folgenden Jahren bei anderen beobachten und begleiten dürfen. Die vielzitierte »Chance in der Krise« ist keine naive Illusion, sondern eine reale Option.

Allerdings fällt der positive Ausblick mittendrin im Schlamassel verständlicherweise schwer. Die Mut machende Erkenntnis offenbart sich meist erst im Rückblick.

Darüber hinaus entfaltet sich das Potenzial nicht zum Nulltarif. Voraussetzung ist die Bereitschaft zum Perspektivwechsel sowie das beherzte Eingreifen an den Stellen, die tatsächlich einen Unterschied machen und die du selbst beeinflussen kannst.

Beide Aspekte werden in diesem Buch aufgegriffen.

Im folgenden Kapitel erfährst du von Menschen, die den Aufbruch in eine bessere berufliche Zukunft bewältigt haben, und von den vielfältigen Krisenpunkten, von denen aus sie aufgebrochen sind.

2.1 Auslöser

Häufig ist der Berufsweg meiner Kunden vor unserer ersten Begegnung überwiegend zufriedenstellend, oftmals sogar erfolgreich und ohne schwerwiegende Krisen verlaufen.

Was lange und gut funktioniert hat, wird dann irgendwann als selbstverständlich vorausgesetzt. Umso heftiger treffen Irritation, Unrast und Unzufriedenheit, wenn das alles plötzlich und massiv infrage gestellt wird.

Ausgangspunkt der beruflichen Krise können äußere Umstände sein, die sich verschlechtern. Zum Beispiel wechselt die Führungskraft und von heute auf morgen ändern sich Inhalte oder auch die vertraute und geschätzte Form der Zusammenarbeit. Manchmal entwickelt sich auch das ganze Unternehmen in eine Richtung, die nicht mehr mit den Vorstellungen von der eigenen fachlichen oder persönlichen Entwicklung übereinstimmt. Jedenfalls gerät der Berufs- und Lebensweg außer Kontrolle. Äußere Umstände oder andere Menschen übernehmen das Ruder.

Oder aber die Unruhe wird nicht von äußeren Faktoren verursacht, sondern von der eigenen Veränderung. Möglicherweise kann das berufliche Umfeld mit der persönlichen Entwicklung, mit veränderten Zielen und Bedürfnissen nicht mithalten. Es wird mehr und mehr zum gefühlten Gefängnis. Manchmal auch zum goldenen Käfig. Eine innere Stimme wird lauter und weist immer deutlicher darauf hin, dass etwas nicht mehr stimmt.

Der Körper sendet Signale, die von Mal zu Mal kräftiger und ernster werden. Probleme mit Rücken, Magen, Herz oder Haut ausschließlich auf physische Ursachen zurückzuführen, klingt immer weniger überzeugend.

Ungewohnt bedrückende Stimmungen und Gemütslagen fallen zunehmend negativ auf. Freunde oder Bekannte signalisieren, dass etwas nicht stimmt.

Unabhängig davon, ob der Impuls von außen oder innen kommt: In diesen Situationen funktionieren bewährte Verhaltensweisen und Erfolgsrezepte nicht mehr wie gewohnt. Versuche, die Entwicklung anzuhalten oder sogar umzukehren, laufen ins Leere.

Irgendwann ist nicht länger zu übersehen, dass die Aufgaben und Positionierung in der aktuellen Form keine zufriedenstellende und nachhaltige Perspektive mehr bieten.

Tag für Tag wachsen die innere Unruhe, Unzufriedenheit und das Gefühl, dass es so nicht weitergehen kann.

So hat es zum Beispiel Sandra G. erlebt.

Sandra G., 40, Personalreferentin

Als wir uns kennenlernten, arbeitete Sandra im Personalbereich eines kleinen mittelständischen Handelsunternehmens. Nach sieben Jahren mit relativer Ruhe und Gelassenheit sowohl im privaten als auch im beruflichen Umfeld war es in diesem Jahr mit der Entspanntheit irgendwie vorbei. Nach den Gründen befragt, konnte sie drei mögliche Auslöser erkennen.

Zwei Monate vorher hatte sie ihren 40. Geburtstag gefeiert. All die Glückwünsche haben sie einerseits gefreut. Auf der anderen Seite hat die ungewohnte »4 vorne« sie damals tatsächlich erschreckt und eine unerklärliche innere Unruhe geweckt.

Ihr Sohn Nico hatte gerade die Abiturprüfungen bestanden und bewarb sich um einen Studienplatz. Nico wohnte noch mit Sandra und ihrem Mann im eigenen Reihenhaus im Vorort einer Großstadt. Der Junge war schon früh recht selbstständig. Das hatte Sandra nach einer Auszeit vor sieben Jahren die Möglichkeit gegeben, wieder eine Arbeit anzunehmen.

Trotz ihres natürlichen Engagements im Job lag Sandras Priorität auch nach dem Wiedereinstieg im Zweifelsfall auf der Familie und der Erziehung von Nico. Das würde sich jetzt spätestens mit dem absehbaren Auszug von Nico ändern. Ähnlich wie beim Geburtstag erzeugte diese Entwicklung bei Sandra gemischte Gefühle. Es fiel ihr schwer, sich auf den Abschied von dieser intensiven und bereichernden Lebensphase einzustellen.

Gleichzeitig empfand sie Vorfreude, aber auch Verunsicherung bei dem Gedanken daran, im Job die Zügel freizugeben und ihre beruflichen Ansprüche stärker in den Vordergrund zu stellen.

Seit ein paar Monaten nahm sie wahr, dass sich Rahmenbe-dingungen in der Firma veränderten. Das Marktumfeld und der Wettbewerb waren härter geworden. Und irgendwie färbte diese Härte auf die Unternehmensleitung und den Umgang miteinan-der ab. Die vorher ausgesprochen kollegiale Stimmung wurde immer öfter durch Ausbrüche getrübt, in denen gegenseitiger Respekt, Fairness und ein wertschätzender Umgang keine Rolle mehr spielten. Diese Werte waren für Sandra wichtig. Auch wenn sie bisher selbst erst zweimal direkt von persönlichen Angriffen betroffen war, spürte sie ein wachsendes Unwohlsein.

Unübersehbar verdrängte eine sehr viel engere, autoritäre Füh-rung den bisherigen Ansatz, Mitarbeitern mit Vertrauen zu be-gegnen und Freiräume einzuräumen.

Diese Entwicklung dämpfte massiv Sandras Optimismus, die wachsenden eigenen Ansprüche in diesem Umfeld realisieren zu können. Erste vorsichtige Fragen nach Möglichkeiten, ihr Auf-gabenfeld zu erweitern und anspruchsvoller zu gestalten, wurden erst nicht ernst genommen. Dann wurde sie offensichtlich ver-tröstet. Jedenfalls hatte sie bisher keine annähernd befriedigende Antwort bekommen.

Der runde Geburtstag, Nicos absehbare Abnabelung und die mangelhafte berufliche Perspektive führten zusammengenom-men bei Sandra zu einer steigenden Unruhe, Unzufriedenheit und Verunsicherung.

Von außen und oberflächlich betrachtet, war sie in einer benei-denswerten Situation. Ihr Mann verdiente gut. Finanziell hatte die Familie keinen Druck. In ihrer Beziehung gab es keinen Grund zur Klage. Nico war klug und gesund und hatte alles, was man sich zum Start in eine gute eigenständige Zukunft wünschen kann.

Diese Sichtweise war Sandra bewusst, machte die Situation aber nicht einfacher. Stattdessen tat sie sich noch schwerer damit, sich mit ihren drängenden Bedürfnissen und Fragen anderen zu öffnen und anzuvertrauen.

Mir geht es doch gut. Ist es nicht ein Luxus, das infrage zu stellen? Geht es anderen auch so?

Auch wenn mir unwohl ist: Ist es nicht unverantwortlich, einen sicheren Arbeitsplatz zu riskieren?

Es fällt mir leicht zu beschreiben, was mich stört. Aber was will ich stattdessen?

Wenn ich mich tatsächlich zu einer Veränderung durchringe: Habe ich überhaupt realistische Chancen auf eine echte Verbesserung, und wie kann ich die verwirklichen?

Beim Kennenlernen war Sandra G. stark verunsichert durch diese Fragen, auf die sie keine überzeugenden Antworten fand.

Im Coaching ging es ihr darum, die komplexen Aspekte ihrer Situation zu ordnen, zu verstehen und einen Ausweg in eine herausfordernde und nachhaltige berufliche Perspektive zu entwickeln.

Peter F., 47, Abteilungsleiter

Bei Peter F. war die Ausgangssituation eine andere. Die resultierenden Bedürfnisse hingegen waren vergleichbar.

Mit seinen 47 Jahren vermittelte er den Eindruck eines sympathischen, erfolgreichen und zufriedenen Menschen. Diese Wirkung wurde bestärkt, wenn man sich ansah, was er bis dahin erreicht hatte.

In seinem Unternehmen, einem internationalen Technologiekonzern, war er als Abteilungsleiter auf der Karriereleiter weit gekommen. Er lebte mit seiner Frau und zwei Töchtern im eigenen Haus, das fast abgezahlt war. Beide Kinder studierten noch, waren aber auf einem guten Weg und voraussichtlich in zwei bis drei Jahren unabhängig.

Die eigene Schulzeit hatte er problemlos und mit guten Ergebnissen abgeschlossen. Das anschließende betriebswirtschaftliche Studium hatte er gewählt, weil man damit »wenig falsch machen kann«. Bei den ersten Bewerbungsgesprächen ist damals schnell seine zugängliche und kommunikative Art aufgefallen.

Es gab gerade Vakanzen im Vertrieb und er hatte gegen ein potenziell hohes Gehalt nichts einzuwenden. Es begann ein beruflicher Aufstieg, der befeuert wurde durch seine schnelle Auffassungsgabe, Fleiß und hohen Anspruch an sich selbst. Dazu kamen hilfreiche »Zufälle«, die günstige Konjunktur in einer Wachstumsbranche, Vakanzen zur richtigen Zeit, Menschen und Mentoren, die ihn und seine Art kannten, schätzten und in den richtigen Momenten förderten.

So war seine Karriere bis dahin eher »glücklich passiert«, ohne dass er die Entwicklung bewusst geplant oder gesteuert hatte.

Und dann, vor einem Jahr, kam ein neuer Vorgesetzter.

Als die Position in der Bereichsleitung frei wurde, hatte er fest damit gerechnet, gefragt zu werden. Er war durchaus nicht sicher, ob er zugesagt hätte.

Gefragt hat ihn dann niemand. Stattdessen wurde jemand von außen eingestellt. Von einem Wettbewerber, den man im Unternehmen aufgrund einer fragwürdigen Führungskultur und auch dürftiger Geschäftserfolge eher skeptisch betrachtete.

Nach einer kurzen Enttäuschung darüber, dass er offensichtlich gar nicht erst in Betracht gezogen worden war, und der Irritation über die nicht nachvollziehbare Wahl besann sich Peter F. auf das, was ihn bisher stark und erfolgreich gemacht hatte. Er hatte keine Zweifel daran, dass seine Fachkompetenz, seine Leistungsbereitschaft und positive Art wie bisher ausreichen und ihm gute Dienste leisten würden.

Es kam anders. Anfangs glaubte er noch, dass der Eindruck von fehlendem Vertrauen, Transparenz und auch Kollegialität der ungewohnten Situation geschuldet wäre und vorübergehen würde.

Stattdessen wurde er in wichtige Strategien und Entscheidungen mit fortschreitender Zeit immer seltener eingebunden. Ohne vorherige Absprache griff sein Chef auf Mitarbeiter seiner Abteilung zu. Die Ergebnisse seiner Arbeit verkaufte der Vorgesetzte als die eigenen. Statt spannender neuer Projekte und anspruchsvoller Aufgaben wurde er zunehmend mit monotonen Routinetätigkeiten beauftragt.

Mitarbeitern und Kollegen blieb die Entwicklung nicht verborgen. Die anfänglichen vorsichtigen Äußerungen von Unterstützung verwandelten sich Schritt für Schritt in peinlich berührtes Wegsehen und steigende Distanzierung.

Die Versuche von Peter F., seine Unzufriedenheit darüber bei seinem Chef direkt anzusprechen, wurden kurz und bündig zurückgewiesen. Anfangs glaubte er noch, die Situation mit der bisher erfolgreichen und bewährten Strategie retten zu können. Er stürzte sich in die Arbeit, hinterfragte seine Entscheidungen und suchte mit wachsender Verzweiflung die Fehler bei sich. Obwohl sein Eindruck war, noch bessere Ergebnisse als vorher zu liefern, entspannte sich die Situation nicht. Das Verhalten des Vorgesetzten wurde im Gegenteil noch abweisender.

Peter F. registrierte irritiert, dass es ihn Tag für Tag mehr Überwindung kostete, morgens zur Arbeit zu fahren. Dabei stieg nicht nur das Gefühl von Unzufriedenheit. In den Gefühlscocktail mischten sich in wechselnder Zusammensetzung bisher äußerst selten erlebte Gemütszustände: Enttäuschung über die fehlende Solidarität, Unterstützung und auch Anerkennung aus dem Kollegenkreis. Verunsicherung darüber, dass die bisherigen Erfolgsrezepte nicht mehr wirkten. Irritation über die eigene Mutlosigkeit und darüber, dass es ihm nicht wie bisher gewohnt gelang, neue Ziele zu setzen und sich selbst zu motivieren. Steigende Zweifel daran, dass seine Kompetenzen ausreichten und noch gefragt waren. Das Gefühl, machtlos und anderen ausgeliefert zu sein. Ein Wechselbad von Wut und Sorgen.

Mit seiner reflektierten Art wurde ihm nach und nach zudem etwas klar, was er sich bis dahin nicht offen eingestanden hatte: Der neue Vorgesetzte hatte die negative Entwicklung sicher beschleunigt, aber die Freude und Begeisterung an seiner Arbeit hatten vorher schon erheblich gelitten, waren in den letzten zwei Jahren schleichend verloren gegangen. Über allem schwebte eine zunehmend quälende Frage:

Wozu eigentlich?

Der jugendliche Ehrgeiz, das Streben nach wirtschaftlichem Erfolg und gesellschaftlichem Status war überwiegend erfüllt und, wenn er ehrlich mit sich war, auch längst nicht mehr so wichtig.

Die Frage, was ihm denn stattdessen zukünftig wichtig ist, was er wirklich will, was dem Ganzen einen (neuen) Sinn geben kann, konnte er trotz intensiven Grübelns nicht überzeugend beantworten.

Die Vorstellung, sich mit dem emotionalen Abstieg abzufinden, die verbleibenden Jahre im Job irgendwie abzusitzen, verursachte bei ihm heftigen inneren Widerstand. Sich häufende schlaflose Nächte und weitere körperliche Alarmsignale verstärkten das wachsende Unwohlsein.

Der letzte und entscheidende Impuls, aktiv zu werden und etwas zu verändern, war eine erschreckende Erkenntnis: Leidtragende waren vor allem die, die es am allerwenigsten verdient hatten: seine Frau und Kinder. Auf der Arbeit schaffte er es meistens irgendwie, eine professionelle Fassade aufrechtzuerhalten. Das gelang zu Hause immer seltener. Dass er kaum noch positive Beiträge zum Familienleben leisten konnte, war nicht mehr zu übersehen. Als seine Frau das so ansprach, war für ihn eine letzte Grenze überschritten und klar: So kann es nicht weitergehen.

In dieser akuten Situation merkte Peter F., dass es ihm sehr schwerfiel, die Mischung aus Gefühlen, Gedanken und möglichen Konsequenzen zu sortieren. Ein Freund empfahl ihm, sich Unterstützung zu suchen. So haben wir uns kennengelernt.

Vor dem ersten Termin hatte er sich überlegt, welche Hilfestellungen und Resultate er sich bestenfalls wünscht. Das war seine Liste:

- Gedankliche Klarheit und strukturierte Dokumentation darüber, was ich kann, was ich will, was ich aus meinem bisherigen Weg schließen und lernen kann.

- Neue Zuversicht, Inspiration und Aufbruchstimmung.

- Ideen, Perspektiven und realistische Optionen.

- Ausgereifte Entscheidungen.

- Ein Plan, Meilensteine, Monitoring und Optimierungsansätze.

- Tipps zum Dranbleiben und Überwinden von Hindernissen und Durststrecken.

- Die Gewissheit, das Ruder und die eigene Zukunft wieder selbst in der Hand zu haben.

Die Sorgen und Bedürfnisse, die Sandra G. und Peter F. beschreiben, stehen stellvertretend für andere Betroffene mit unterschiedlichen Ausgangssituationen und vergleichbar belastenden Konsequenzen und Symptomen.

Ausgangspunkte

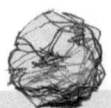

»Die Krise als Chance – diese ›Weisheit‹ habe ich oft genug gehört und nicht ernst genommen. Jetzt hat mich die globale Krise genauso getroffen wie alle anderen und dazu gezwungen, mein Tempo radikal runterzufahren. Plötzlich bin ich nicht mehr dauernd beschäftigt. Darüber bin ich zuerst erschrocken. Dann war ich irritiert. Und jetzt fange ich langsam an und erkenne, dass darin tatsächlich eine Chance liegen kann.

Mit der Distanz zu meinem normalen Arbeitsumfeld wird unübersehbar, dass die Begeisterung für meine Aufgabe und Firma nach und nach verflogen ist.

Viel zu oft arbeite ich ›für die Tonne‹ und das stört mich total. Der Umgang im Kollegenkreis wird immer rauer. Aus dem ›miteinander gewinnen‹ ist ein ›jeder gegen jeden‹ geworden. Am meisten vermisse ich den früheren Zusammenhalt und eine Aufgabe, die für mich Sinn macht und für die Firma einen echten Beitrag leistet.

Vielleicht ergibt sich durch die erzwungene Pause tatsächlich die Möglichkeit, meine Zukunft zu überdenken und selbst in die Hand zu nehmen.«

~

»Ich bin jetzt schon seit einigen Jahren in der heutigen Funktion. Der logische nächste Schritt wäre eine Beförderung in absehbarer Zeit. Daraus ergeben sich zwei Fragen: Wie realistisch ist diese Option, wenn ich weiß, dass es für die fünf Kollegen und Kolleginnen und mich nur eine Vakanz gibt. Und vor allem: Will ich das überhaupt, wenn ich mir so ansehe, mit was sich meine Chefin täglich herumschlägt?

Andererseits ist klar, dass meine jetzige Rolle kein Entwicklungspotenzial mehr bietet, das mich dauerhaft reizen könnte.

Ich frage mich, wie ich aus dieser Hängepartie wieder rauskomme. Ich will meine Optionen realistisch abwägen, klare Entscheidungen treffen und optimistisch umsetzen.«

~

»Wenn ich darüber nachdenke, dann habe ich mich seit meiner ersten Anstellung nie darum kümmern müssen, wie es beruflich weitergeht. Immer war da eine passende neue Aufgabe. Und immer gab es jemanden, der mir das zugetraut hat und der mich vorgeschlagen und gefördert hat.

Seit einiger Zeit stecke ich gefühlt in einer Sackgasse. Die heutige Position hat ihren Reiz verloren. Ernsthafte Angebote erhalte ich gerade jetzt nicht mehr. Die ersten Ansätze, mich aktiv zu verändern, sind im Sande verlaufen. Zum ersten Mal bin ich unsicher, wie es weitergeht.

Mir wird immer klarer, dass ich diesmal keine Hilfe von außen erwarten sollte, dass ich mich selbst darum kümmern muss, wohin ich will und wie ich dort hinkomme. Ich bin unentschlossen, rastlos und gleichzeitig mutlos.

Ich wünsche mir Klarheit darüber, wie eine realistische und erstrebenswerte Perspektive aussieht. Und ich erhoffe mir das notwendige Wissen, die Energie und Motivation, um diese zu erreichen.«

~

»Mit 25 hatte ich klare und ehrgeizige Ziele. Mit 45 ist der Löwenanteil davon erreicht.

Statt des erhofften Triumphes verfolgen mich quälende Fragen: Und jetzt? War's das?

Nach heutigem Stand werde ich noch mindestens 20 weitere Jahre arbeiten. Diese Zeit gelangweilt abzusitzen, ist für mich nicht vorstellbar. Meine Zukunft anderen zu überlassen oder auf den glücklichen Zufall zu hoffen, ist mir zu riskant.

Ich will verstehen, was da gerade mit mir passiert. Und vor allem will ich eine neue erfüllende Perspektive entwickeln, die mich wieder optimistisch und begeistert in die Zukunft blicken lässt.«

So schildern andere unzufriedene und gleichzeitig engagierte Berufstätige ihre individuelle Ausgangssituation.

Wenn du dich in Teilen wiedererkennst und wenn du mit dem Gedanken deines eigenen Aufbruches spielst, dann empfiehlt es sich, deine Ausgangsstory ebenfalls zu dokumentieren.

Damit schaffst du einen Referenzpunkt, mit dessen Hilfe du jederzeit prüfen kannst, ob und wie weit du dich bewegt hast und ob die Richtung die gewünschte ist.

In den folgenden Kapiteln erwarten dich weitere Fragen, Übungen und Auswertungen. Schritt für Schritt wirst du die Puzzleteile deiner idealen beruflichen Perspektive zusammensuchen und zu einem stimmigen, attraktiven und motivierenden Bild zusammenführen.

2.2 Logbuch

Lege zur Aufzeichnung deiner Reise ein Logbuch an, in dem du deine Antworten, Ansätze und Gedanken konsequent und vollständig sammelst.

Manche Kunden entscheiden sich dazu für die Papierform, ein ansprechendes Notizbuch oder einen Hefter zum Sammeln von Einzelblättern.

Abbildung 2: Logbuch

Andere bevorzugen die Vorteile einer digitalen Dokumentation, zum Beispiel mit OneNote oder Evernote.

 Alternativ habe ich diese und alle folgenden Übungen und Vorlagen in einem PDF-Arbeitsbuch zusammengefasst. Du kannst sie elektronisch nutzen oder auch ausdrucken und auf Papier bearbeiten. *https://repplinger.com/logbuch*

Das Logbuch ist als Bonusmaterial für dich gedacht und gratis.

Es bleibt dir überlassen, welche Form du für dein Logbuch wählst. Wichtig ist, dass du dich für einen Platz entscheidest und dort konsequent alle Notizen sammelst.

Übung: Deine Ausgangsstory

Notiere über der ersten Seite die Überschrift »Ausgangsstory«.

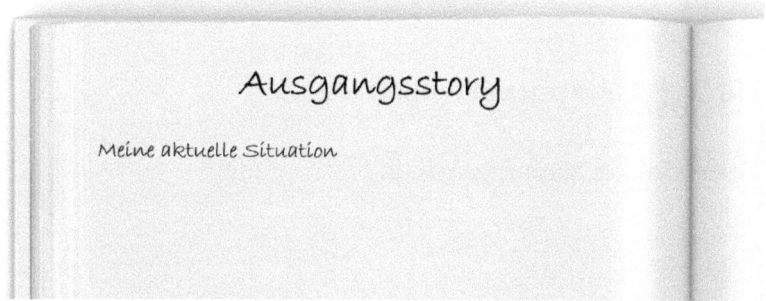

Abbildung 3: Ausgangsstory

Schreibe darunter alle relevanten Facetten deiner aktuellen Situation auf. Im Mittelpunkt steht deine Arbeit. An dieser Stelle macht es aber Sinn, auch die privaten Aspekte festzuhalten, die deine berufliche Situation beeinflussen oder die umgekehrt unter den beruflichen Bedingungen leiden.

Angelehnt an Feedbackregeln und das Konzept der Gewaltfreien Kommunikation (GFK) hat es sich bewährt, wenn du dich bei der Struktur an der sogenannten »WWW-Regel« orientierst:

- Wahrnehmung: Beschreibe möglichst sachlich und objektiv deine Beobachtung der Situation.

- Wirkung: Wie wirkt das auf dich? Welche Emotionen werden ausgelöst?

- Wunsch: Was sind deine Bedürfnisse, Erwartungen und Wünsche?

Ob du dich dabei kurz fassen willst oder, wie Sandra und Peter, eine ausführlichere Form aufschreibst, bleibt dir überlassen.

Lass dir Zeit und schreibe so lange weiter, bis du das Gefühl hast, dass alle wesentlichen Aspekte festgehalten sind.

Übung: Gesamtzufriedenheit

Übertrage die folgende Skala in dein Logbuch.

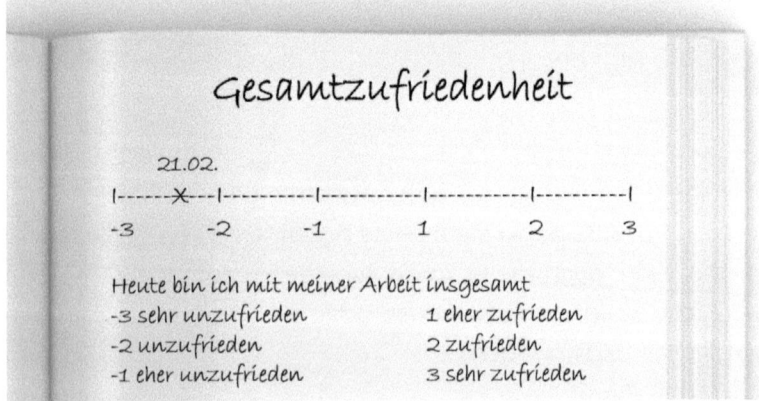

Abbildung 4: Gesamtzufriedenheit

Auf ihr steht die »-3« für eine Belastung und Unzufriedenheit, die nahezu unerträglich ist. Die »3« ist erreicht, wenn du uneingeschränkt begeistert bist und die Gesamtsituation nicht mehr zu verbessern ist. Die Abstufungen dazwischen findest du unter der Linie.

Wo stehst du heute auf dieser Skala in Bezug auf deine Arbeitszufriedenheit? Versuche diese Aufgabe nicht übertrieben ernst und mit dem Anspruch auf eine objektiv richtige Antwort anzugehen, sondern eher spielerisch und intuitiv. Solange du dir nichts vormachst, kannst du nichts falsch machen.

Wenn du in der Lage bist, spontan einen Wert anzukreuzen, dann tue es. Ansonsten versuche es mit diesem Kniff: Setze den Stift am linken Ende der Linie an. Wiederhole die Frage, um die es geht: »Wie zufrieden bin ich mit meiner heutigen beruflichen Situation?« Bewege dabei den Stift langsam und so lange nach rechts, bis du den intuitiven Impuls spürst, zu stoppen.

Markiere die Stelle wie in der Abbildung gezeigt mit einem »**x**«. Halte über der Markierung das heutige Datum fest.

Unabhängig davon, wo du dich aktuell auf der Skala einstufst, ist das Ziel und die Herausforderung für die nächste Zeit klar.

Alles, was du ab sofort tust,
sollte sich einem entscheidenden Kriterium stellen:
»Wird mich das, was ich vorhabe, meinem Ziel der gesteigerten
Zufriedenheit näherbringen? Erwarte ich, dass es dazu beitragen
wird, meine Positionierung auf der Zufriedenheitsskala nach
rechts zu verschieben?«

2.3 Irrwege

Du hast erfahren, wie vielfältig die Auslöser für schwindende Zufriedenheit und steigenden Stress im Beruf sein können. Zur Bewältigung von Stresssituationen hat uns die Natur und Evolution drei intuitive Reaktionsmuster mitgegeben.

Kämpfen. Oder weglaufen. Oder tot stellen.

Für die Entwicklung und Verankerung dieser drei Grundmuster hat es gute Gründe gegeben. Unser Vorfahre, der sich vor 5000 Jahren im Wald urplötzlich mit einem großen Bären konfrontiert sah, hatte diese drei Optionen, um die Situation möglichst unbeschadet zu überstehen.

> Wenn ich kräftig genug bin, dann kann ich kämpfen. Wenn ich schnell genug bin, kann ich weglaufen. Wenn ich keines von beiden bin, dann bleibt mir nur, mich tot zu stellen und zu hoffen, dass der Bär das Interesse verliert.

Fight. Flight. Freeze.

Das sind seither die drei spontanen Reaktionen auf jede Form von Angriff. Dieses Krisenprogramm wirkt bis heute zuverlässig im Hintergrund. Immer dann, wenn wir uns unter erheblichen Stress gesetzt fühlen, greift es blitzschnell ein.

Auch in der Gegenwart gibt es Notfälle, in denen dieses Muster überlebenswichtig sein kann. Wenn auf der Autobahn bei hoher Geschwindigkeit ein entgegenkommendes Fahrzeug auf deiner Fahrbahn auftaucht, dann wird das intuitive Ausweichen den Zusammenstoß eher verhindern als das überlegte Abwägen aller Optionen.

Dieses Reaktionsmuster in massiven Stresssituationen hat bis heute also eine überlebenswichtige Funktion. Allerdings tut sich das Unterbewusstsein unter Umständen schwer damit, zwischen lebensbedrohlichen Angriffen, verbaler Aggressivität oder alltäglichen Stressauslösern zu unterscheiden. Die unterschiedlichen Qualitäten zu differenzieren, würde dem zentralen Grundgedanken der maximal einfachen und schnellen Reaktion zuwiderlaufen.

Relevanz im beruflichen Kontext

Freeze-Typen versuchen, die Krise auszusitzen. Sie tun sich selbst und anderen gegenüber so, als wäre nichts passiert. Sie hadern mit den Umständen, ziehen sich in eine passive Opferrolle zurück. Die Gestaltung ihrer beruflichen Zukunft, ihres Wohlergehens und ihrer Zufriedenheit bleibt anderen überlassen. Sie setzen darauf, dass es schon irgendwie wieder aufwärts gehen wird.

Im Arbeitsleben kann diese Taktik eine Zeit lang durchaus sinnvoll sein. Besonders in großen Unternehmen bestätigt sich immer wieder, dass nicht jede vollmundige Ankündigung tatsächlich umgesetzt wird. Oder sie wird in kürzester Zeit durch die entgegengesetzte Anweisung wieder aufgehoben. Da kann es sich auszahlen, nicht überstürzt aktiv zu werden und das dann kurze Zeit später zu bereuen.

Allerdings besteht ein entscheidender Unterschied zwischen strategischem und vorübergehendem Beobachten einer Situation und dem Ignorieren und tatenlosen Hinnehmen von realen und nachhaltigen Schäden. Das Abpassen und Ergreifen des richtigen Momentes, um aus der beobachtenden Rolle in die handelnde zu schalten, bewahrt davor, zum wehrlosen Opfer zu werden.

Auf welchen Wegen und mit welchen Mitteln dieses Umschalten gelingen kann, wird später im Detail beleuchtet werden.

Flight-Typen ergreifen die Flucht. Sie sehen die Hoffnungslosigkeit eines Kampfes und versuchen, möglichst schnell ein neues, sicheres Wohlfühlumfeld zu erreichen.

In der Realität mag diese Strategie mit etwas Glück tatsächlich zu einer kurzfristigen Entlastung und Erleichterung führen. Auch im Beruf kann es Situationen geben, in denen es als Erstes wichtig ist, sich aus der Gefahrenzone zu bringen. Wenn zum Beispiel das massive Verhalten eines neuen Vorgesetzten nicht nur ärgerlich ist, sondern gravierende gesundheitliche Symptome und Risiken auslöst. Oder wenn für rechtliche Versäumnisse der Unternehmensleitung offensichtlich ein Sündenbock gesucht wird.

In vielen Fällen bringt die überstürzte Flucht aber Nachteile, die nach der schnellen Schmerzlinderung langfristig mehr schaden als nützen. Durch die fehlende positive Perspektive erfolgt die Veränderung unkontrolliert und richtungslos. Das Risiko, nach einem ersten Aufatmen mit Erschrecken festzustellen, dass die neue Situation ein ähnliches oder ein noch größeres Frustpotenzial bietet, ist groß. Die Lernchancen in der Krise werden verpasst und die nächste Krise trifft mit doppelter Wucht. Das Selbstvertrauen erhält mit jedem Ausweichen einen weiteren Dämpfer.

Fight-Typen fühlen sich persönlich angegriffen und verteidigen sich mit allen verfügbaren Mitteln. Sie schlagen zurück, versuchen, den Kampf gegen einen übermächtigen Gegner (Chef, Unternehmen) zu gewinnen.

Natürlich macht es auch im Beruf Sinn, sich nicht alles gefallen zu lassen. Da gibt es aggressive Menschen, die jedes Nachgeben als Schwäche auslegen. Wenn der Kollege übergriffig wird, dann gilt es, ganz klare Grenzen zu setzen.

Neben diesen Einzelfällen gibt es die Situationen, in denen der Stress durch das Unternehmen und seine offiziellen Vertreter absichtlich verursacht und schrittweise gesteigert wird. Mobbing ist die heftigste und strafbare Ausprägung dieser Aggression. Es gibt sie aber auch in allen möglichen weniger groben und eindeutigen Varianten.

Auch hier ist es nicht nur legitim, sondern auch angebracht, die verfügbaren Mittel auszuloten.

Genauso wichtig ist es, nicht aus den Augen zu verlieren, was diese verständliche Reaktion kurzfristig nutzt und langfristig kostet. Am Ende einer anhaltenden Auseinandersetzung droht die bittere Erkenntnis, dass es für Betroffene selten etwas zu gewinnen, aber sehr viel zu verlieren gibt.

Gleich in meinem ersten Einsatz als frisch ausgebildeter Coach habe ich ein solches Beispiel und Schicksal erlebt, das mich geprägt hat und bis heute betroffen macht.

Harald L., 52, Teamleiter

Harald L. war mein erster Coaching-Kunde. Sein Chef hatte ihn nach einer heftigen Auseinandersetzung kurzerhand freigestellt und aufgefordert, »sich einen neuen Job zu suchen«. Mit seinen 52 Jahren war Harald L. seit mehr als 20 Jahren im Unternehmen und bis dahin ein geschätzter und beliebter Kollege und Mitarbeiter. Vielleicht war das der Grund für den Ansatz eines schlechten Gewissens beim Vorgesetzten. Oder es gab einen entsprechenden Hinweis aus der Personalabteilung. Jedenfalls wurde ich als Coach damit beauftragt, mich um Herrn L. zu »kümmern«.

Das Kennenlernen fand bei ihm zu Hause statt, was im Business Coaching eher ungewöhnlich ist. Willkommen habe ich mich erst einmal nicht gefühlt, eher als Abgesandter des »Gegners«. Diese Haltung ist verständlich. In den Jahren und Begegnungen danach habe ich gleichzeitig immer wieder das dringende Bedürfnis erlebt, den aufgestauten Frust loszuwerden, sich mit seinen Fragen, Unsicherheiten und Bedürfnissen jemandem anzuvertrauen, emotionale und sachliche Unterstützung zu erhalten.

Sehr häufig sind Partner, Freunde oder Kollegen aufgrund der eigenen Betroffenheit befangen und für diese Rolle nicht wirklich geeignet. Nach einem ersten Kennenlernen, Abtasten mit offenem Visier und Abwägen von Risiken und Chancen entschließen sich die meisten Betroffenen deshalb, die Möglichkeit zu nutzen, einen Vertrauensvorschuss zu geben und offen zu sprechen. So war es auch bei Herrn L.

Dass er sich von »seiner Firma« und vor allem vom Vorgesetzten ungerecht behandelt gefühlt hat, sehr enttäuscht und wütend war, war nach seiner Schilderung der Situation menschlich bestens nachvollziehbar.

Diesem Frust, der Unsicherheit und Enttäuschung Raum zu geben und ein Ventil zu bieten, ist ein wichtiger Aspekt im Coaching-Prozess. Entscheidend ist anschließend, dass es nach einer angemessenen Zeit gemeinsam gelingt, den Blick von der Vergangenheit, von Enttäuschung und Widerstand zu lösen. Stattdessen gilt es, den Fokus nach vorne, auf eine realistische Perspektive und lohnenswerte Zukunft zu richten.

Um es kurz zu machen: Das ist Harald L. und mir damals nicht gelungen. Rational war ihm klar, dass ich »recht habe«, und so hat er es auch formuliert. Offensichtlich war die emotionale Betroffenheit aber zu groß und zu verführerisch. Er wollte »erst mal« verhindern, dass der Vorgesetzte mit seinem bösen Spiel durchkommt. Mit aller Kraft dagegenhalten. »Es ihm zeigen, ihm eins auswischen.« Es ging ihm ums Prinzip, um Revanche, um einen letzten kleinen »Sieg«.

Die harte Realität, die ich in den folgenden Jahren viel zu oft beobachten musste, sieht so aus: In dieser Auseinandersetzung gibt es keine echten Sieger. Aber viel zu häufig einen eindeutigen Verlierer.

Selbst wenn das Unternehmen nach einer zehrenden arbeitsrechtlichen Auseinandersetzung juristisch und finanziell den Kürzeren zieht, verursacht das am Ende in der Organisation kaum jemandem eine schlaflose Nacht. Ganz im Gegensatz zu den Betroffenen.

Die kostet der oft brutale Kampf in den meisten Fällen unendlich viel Kraft. Und Lebensfreude. Und damit Chancen bei der bestmöglichen neuen Positionierung. Übrig bleibt dafür bestenfalls etwas mehr Geld, das gefühlt keinen echten Unterschied macht. Und es bleiben Verletzungen, Verbitterung und verlorene Zeit, die nicht mehr zurückzuholen ist.

In »Kaltgestellt«, einem BrandEins-Artikel,[3] wird ein ähnlich Betroffener folgendermaßen zitiert:

> *Diese Situation geht nicht spurlos an einem vorbei. Man verändert sich, das bleibt nicht aus. In dieser Zeit habe ich doch sehr viel ge-*

grübelt. Meine Frau sagt, damals sei das Leuchten aus meinen Augen verschwunden.

Die Frau von Harald L. habe ich beim Verabschieden zum ersten und letzten Mal gesehen. Ich weiß nichts über sie. Ich weiß aber, dass sie in dem Moment auf mich vor allem Traurigkeit und Resignation ausgestrahlt hat.

»Danke Ihnen sehr, das hat mir geholfen und gutgetan. Wenn ich so weit bin, dann kann ich mir die Zusammenarbeit gut vorstellen, dann melde ich mich.«

Das waren die Worte von Herrn L. zum Abschied. Zu der Zusammenarbeit ist es nie gekommen. Der folgende langwierige und quälende Prozess endete mit einem verhältnismäßig geringen finanziellen Zugewinn als Ausgleich für die Bestätigung der Beendigung des »zerrütteten Arbeitsverhältnisses«.

Vielleicht ist an der Stelle zu spüren, dass es mich auch nach 20 Jahren noch betroffen macht, wenn sich Menschen in einer Krise dafür entscheiden, alle Kraft in die Vergangenheit und in den Widerstand gegen oft unabwendbare Veränderungen zu stecken.

Diese Energie und optimistische Tatkraft wird dann schmerzlich vermisst, wenn sich schließlich dann doch der bange Blick in die unsichere Zukunft wendet.

Kämpfen. Weglaufen. Aussitzen. Drei sehr unterschiedliche Reaktionen mit kritischen Gemeinsamkeiten:

- Sie erhöhen die Wahrscheinlichkeit, dass am Ende alle Beteiligten beschädigt zurückbleiben.

- Ein konstruktiver und nachhaltig befriedigender Ausweg aus der Sackgasse wird eher erschwert als befördert.

- Sie blockieren den Weg raus aus der Opferrolle und Abhängigkeit von Entscheidungen anderer hin dazu, selbst wieder das Ruder und die Kontrolle über den eigenen Berufsweg zu übernehmen.

Aus diesem in der beruflichen Krise offensichtlich nicht hilfreichen Muster auszubrechen, ist mühsamer, als vielleicht anzunehmen wäre. Ein Blick zurück auf die Entstehung zeigt, warum das so ist.

Du erinnerst dich an den Vorfahren und seine plötzliche und bedrohliche Begegnung mit dem Bären. Nachdenken, analysieren und abwägen sind Eigenschaften, die dem Menschen in vielen Situationen wertvolle Dienste leisten. In der Begegnung mit dem Raubtier bleibt dafür keine Zeit. Zaudern wäre mit hoher Wahrscheinlichkeit tödlich.

Die intuitive und sofortige Reaktion ist also im Falle der akuten Lebensbedrohung überlebenswichtig. Deshalb hat die Natur zu einem Trick gegriffen. Diese Muster sind so programmiert, dass sie wie ein Autopilot extrem schnell aktiviert werden, um eine überlegte Reaktion bewusst zu verhindern. Rationale Einsichten, Vorsätze und Techniken werden so massiv und absichtlich blockiert.

2.4 Alternative

Die sogenannte »Introvisionsforschung« hat dieses Phänomen mit seinen Ursachen, Wirkungen und Möglichkeiten des Umgangs ausführlich untersucht. Unter diesem Stichwort findest du bei Interesse im Internet ausführliche Informationen.

Für unseren Zweck ist es wichtig zu wissen, dass es diese Programmierung gibt und dass sie nur mit einer bewussten und konsequenten Kraftanstrengung zu durchbrechen ist.

Dann wird es möglich, dem blockierenden Muster zu entkommen, den Autopiloten abzuschalten und selbst das Ruder zu übernehmen.

Man gibt zu oft den Verhältnissen die Schuld für das, was man ist. Ich glaube nicht an die Verhältnisse. Ich glaube an diejenigen, die sich die Verhältnisse suchen, die sie brauchen. Und wenn sie sie nicht finden können, schaffen sie sie selbst.

George Bernard Shaw

Die Schilderungen von Sandra und Peter stehen stellvertretend für die massiven Belastungen, die gerade Berufstätige mit hohem Engagement und Anspruch besonders stark quälen.

Möglicherweise dominiert auch für dich in diesem Moment eher Frust und Ratlosigkeit als Aufbruchstimmung und der mutige Blick in die Zukunft.

Du bist vielleicht enttäuscht von Kollegen, denen du vertraut hast.

Freunde und Bekannte würden gerne unterstützen, sind aber entweder zu weit weg, um dein Dilemma zu verstehen, oder zu nah dran, um objektiven Rat zu geben. Wenn du dich jemandem anvertraust, erntest du wahlweise Mitleid, oberflächlichen Trost oder Unverständnis.

Regeln, auf die du dich verlassen konntest, gelten plötzlich nicht mehr. Erfolgsstrategien, Verhaltensweisen und Rezepte, die dir bisher zuverlässig gedient haben, bringen keine Verbesserung. Manchmal scheint es sogar so, als ob sie den Gegenwind nur noch stärker werden lassen.

Dir fehlt die Zuversicht, deine Zukunft mutig und zielsicher auf eine lohnende Perspektive ausrichten zu können.

Zusammengenommen kann sich diese Situation äußerst bedrückend und sehr einsam anfühlen. Im Rückblick auf meine beruflichen Umbrüche ist es mir jedenfalls so ergangen.

Wahlmöglichkeit

Andererseits weißt du inzwischen, dass du nicht allein bist, wenn du dich in diesen Beschreibungen zumindest teilweise wiederfindest.

Die belastenden Gefühle teilst du genauso mit anderen wie die Unzufriedenheit darüber und den Anspruch, das nicht dauerhaft hinzunehmen.

Diese Gleichgesinnten haben auch vorgelebt, dass es so nicht weitergehen muss. Ihnen ist es gelungen, die belastenden Faktoren Schritt für Schritt in eine Richtung zu entwickeln, die in der Summe zu einer fundamentalen und nachhaltigen Verbesserung führt.

Die Chance auf eine Veränderung zum Besseren ist also real. Das macht Mut.

Die Möglichkeit ist allerdings leider keine Garantie dafür, dass daraus tatsächlich eine bessere Realität erwächst.

gemeint ist nicht gesagt
gesagt ist nicht verstanden
verstanden ist nicht gewollt
gewollt ist nicht gekonnt
gekonnt ist nicht getan
Konrad Lorenz

Auf dem Weg vom theoretischen Verständnis einer wünschenswerten Perspektive zur gelebten Wirklichkeit wird es Momente geben, an denen die Ernsthaftigkeit deiner Vorsätze auf die Probe gestellt wird.

In den folgenden Kapiteln erhältst du Zugriff auf die Ansätze, die anderen Menschen bei der Überwindung dieser Hindernisse geholfen haben:

- Reale Beispiele und die Lektionen, die du aus den lebensnahen und erprobten Ideen, Entscheidungen und Erfahrungen ziehen kannst.

- Übertragbare Gemeinsamkeiten, Erkenntnisse und Strategien.

- Situationsbezogenes Hintergrundwissen, klärende Übungen und schlüssige Auswertungen.

- Die systematische Zusammenführung aller Ergebnisse in einer anschaulichen Gesamt-Grafik, dem individuellen Job-Cockpit.

- Auf deine konkrete Situation abgestimmte Handlungsoptionen und Entscheidungshilfen.

- Den Prozess vom Planen über das entschiedene Handeln zum kontinuierlichen Justieren.

Schwelle

Das amerikanische Magazin »The New Yorker« ist bekannt für seine spitzfindigen Karikaturen. Eine der Bildgeschichten, die dort vor Jahren veröffentlicht wurde, sah ungefähr so aus:

Ein Mann steht vor einer Weggabelung. Mit irritiertem Gesichtsausdruck betrachtet er zwei Wegweiser. Offensichtlich ist er ungewiss, welchem er folgen soll.

Einer zeigt nach links. Auf ihm steht: »Paradies«.

Der andere zeigt nach rechts.

Auf ihm steht: »Bücher über das Paradies«.

An den besonders zahlreichen, wahlweise belustigten oder betroffenen Reaktionen gemessen, hat der Zeichner offensichtlich einen Nerv getroffen.

Ein gutes Buch zu lesen, macht Spaß. Es ermöglicht, aus einer frustrierenden Realität eine Zeit lang in einen begeisternden Traum abzutauchen. Nach einer flüchtigen Erholung geht es dann mit einem Seufzen zurück in den ernüchternden Alltag.

Oder aber es gelingt, die Schwelle vom Träumen zum Tun zu überschreiten. Das klingt erstrebenswert und folgerichtig. Was lässt den Mann dann zögern, sofort Richtung Paradies aufzubrechen?

Der Schritt ist eindeutig reizvoll. Er hat aber auch weniger attraktive Konsequenzen.

Es mag sein, dass komfortable Ausreden zurückbleiben müssen. Es bedeutet, vollständig und endgültig die Verantwortung für den eigenen Weg und das eigene Leben zu übernehmen.

Das kann Angst machen. Dann wird die Versuchung groß, beim bequemen Kopfkino und wohligen Schauern in der Fantasie zu bleiben. Tatsächlich aufbrechen kann man schließlich immer noch.

Ab hier beginnt der interaktive Teil deines Reiseführers. Das transformierende Potenzial dieses Buches wird sich dir dann erschließen, wenn du die unpersönlichen Informationen und Modelle mit deinen ganz persönlichen Inhalten und Wahrheiten zum Leben erweckst.

Jetzt gilt es, eine grundlegende Entscheidung zu treffen. Bist du bereit, den gemütlichen Lesesessel zu verlassen und selbst aktiv zu werden?

Dann wünsche ich dir eine spannende, erkenntnisreiche und von Erfolg gekrönte Tour.

Jeder Mensch hat Ziele für seine Reise. Keine Ausgangssituation entspricht zu 100 Prozent einer anderen. Im nächsten Kapitel lernst du ein Koordinatensystem kennen, das ungeachtet der Vielzahl an Möglichkeiten eine zuverlässige Orientierung möglich macht.

2.5 Reisekoordinaten

- 27 Grad, 46 Minuten, 27 Sekunden nördlicher Breite

- 15 Grad, 31 Minuten, 52 Sekunden westlicher Länge

So lauten die Koordinaten des Ortes, an dem ich gerade diese Zeilen schreibe. Mit diesen objektiven und weltweit akzeptierten Daten ist meine Position zweifelsfrei zu bestimmen.

Genauso wertvoll sind sie bei der exakten Zielbestimmung und Festlegung meiner Reiseroute, wenn ich mich an einem anderen Ort befinde und hierher aufbrechen will.

Analog zu diesen geografischen Koordinaten lassen sich für die berufliche Positionierung zwei entscheidende Dimensionen bestimmen, die eine exakte Zielbeschreibung, Standortbestimmung und Maßnahmenplanung zum schrittweisen Abbau der Distanz dazwischen ermöglichen.

Vergleichbar mit den geografischen Koordinaten sind diese Dimensionen, unabhängig von Situation und Anwendung, übergreifend gültig. Das macht sie für eine Orientierung und Positionierung so wertvoll und zum zentralen Bestandteil des StopOver-Ansatzes.

In einem bemerkenswerten Vortrag erzählt Dr. Eckart von Hirschhausen von einer tierischen Begegnung, die nicht nur erheiternd ist, sondern bei genauerem Hinhören auch Hinweise darauf gibt, um welche Dimensionen es sich handelt und wie groß ihr Einfluss auf Zufriedenheit und Leistungsfähigkeit sein kann.

Der Pinguin in seinem Element

Am eindrucksvollsten wirkt die Geschichte vom Verfasser selbst vorgetragen. Sie ist online abrufbar.[4]

Dr. von Hirschhausen erzählt, wie er nach längerer Kreuzfahrt beim Landgang einen norwegischen Zoo besucht. Dabei fällt ihm ein Pinguin auf, dessen Verhalten an Land spontanes Mitgefühl auslöst.

> *Ich hatte Mitleid:* »*Musst du auch Smoking tragen? Wo ist eigentlich deine Taille? Und vor allem: Hat Gott bei dir die Knie vergessen?*« *Mein Urteil stand fest: Fehlkonstruktion.*
>
> *Nach diesem eher freudlosen ersten Eindruck erhält der vermeintliche Unglücksvogel eine zweite Chance. Beim erneuten Blick durch die Glasscheibe verändert sich die Szene genauso grundlegend wie der resultierende Eindruck.*
>
> *Da sprang* »*mein*« *Pinguin ins Wasser, schwamm dicht vor mein Gesicht. Wer je Pinguine unter Wasser gesehen hat, dem fällt nix mehr ein. Er war in seinem Element! Ein Pinguin im Wasser ist zehnmal windschnittiger als ein Porsche! Mit einem Liter Sprit käme er umgerechnet über 2500 km weit! Sie sind hervorragende Schwimmer, Jäger, Wasser-Tänzer! Und ich dachte:* »*Fehlkonstruktion!*«

Wie kommt es zu dieser unglaublichen Verwandlung? Wodurch wird aus der traurigen Fehlkonstruktion ein Ausnahmetalent, ein effizientes Energiewunder und eine lebensfrohe Stimmungskanone? Und welche Erkenntnisse lassen sich aus der Geschichte für die Entwicklung von mehr Freude und Erfolg im Beruf ableiten?

Eckart von Hirschhausen zieht folgende Lehren:

> *Diese Begegnung hat mich zwei Dinge gelehrt. Erstens: wie schnell ich oft urteile, und wie ich damit komplett danebenliegen kann. Und zweitens: wie wichtig das Umfeld ist, ob das, was man gut kann, überhaupt zum Tragen kommt.*
>
> *Menschen ändern sich nur selten komplett und grundsätzlich. Wenn du als Pinguin geboren wurdest, machen auch sieben Jahre Therapie aus dir keine Giraffe. Also nicht lange hadern: Bleib als Pinguin nicht in der Steppe. Mach kleine Schritte und finde dein Wasser. Und dann: Spring! Und schwimm! Und du wirst wissen, wie es ist, in deinem Element zu sein.*

Ein Pinguin kann durchaus an Land überleben und sich fortbewegen. Allerdings macht er dabei weder einen zufriedenen noch einen kompetenten Eindruck. Für seine Metamorphose gibt es zwei entscheidende Voraussetzungen:

- Er tut das, was ein Pinguin besonders gerne macht und außerordentlich gut kann.

- Die Bedingungen in seinem Element lassen ihn aufblühen und erfüllen seine wichtigsten Bedürfnisse.

Die erstaunliche Wirkung dieser zwei Aspekte auf Leistungsfähigkeit und Lebensfreude lassen sich analog bei Menschen beobachten.

Sie sind die Schlüssel zur bewussten und geplanten Kurskorrektur hin zu mehr Zufriedenheit und beruflicher Erfüllung.

Im Fluss

Jeder kennt diese Tage, in denen man, statt von anonymen Kräften herumgestoßen zu werden, sich in Kontrolle über die eigenen Handlungen als Meister des eigenen Schicksals fühlt. Bei diesen seltenen Gelegenheiten spürt man ein Gefühl von Hochstimmung, von tiefer Freude, das lange anhält und zu einem Maßstab dafür wird, wie das Leben aussehen sollte.
Mihály Csikszentmihaly[5]

Es gibt diese Situationen, in denen wir die Zeit vergessen. Unsere gesamte Aufmerksamkeit gilt dem aktuellen Geschehen. Ohne zu überlegen, folgt ein Schritt dem nächsten. Nur die Situation zählt, alles andere tritt zurück. Mit hoher Motivation und Begeisterung setzen wir unsere ureigenen Talente und Fähigkeiten ein. Und wenn wir erschöpft, aber zufrieden »aufwachen«, bleibt das Gefühl, etwas Besonderes bewirkt zu haben.

Auch, wenn die Erinnerung manchmal nicht leichtfällt: Die meisten Menschen haben vergleichbare Momente erlebt, kennen diese Symptome.

Die auslösenden Momente sind bei jedem Menschen andere. Wenn es gelingt, sie zu begreifen, erhalten wir wertvolle und anwendbare Hinweise darauf, was uns im Leben Energie und Orientierung gibt. Sie sind eine Fundgrube für die Umstände und Ressourcen, die uns erfolgreich und zufrieden machen.

Eine geschätzte Ausbilderin für Executive Coaching am Kingstown College in Dublin hat das so umschrieben:

Es gibt diese Tage, an denen einfach alles optimal läuft. Du bist in Topform. Du fühlst dich großartig. Dein Denken, deine Werte und Aktivitäten sind perfekt aufeinander abgestimmt. Mit minimalem Krafteinsatz erreichst du beeindruckende Ergebnisse und eine hohe Zufriedenheit.

Paula King

Csikszentmihalyi hat diesen idealen Zustand in seinem gleichnamigen Bestseller als »Flow« bezeichnet. Fließen wie ein Fluss in seinem natürlichen Bett. Mit minimalem Krafteinsatz, unaufhaltsam und zweifelsfrei auf dem Weg zum Ziel.

Vielleicht erinnerst auch du dich an berufliche Zeiten, in denen du diese Begeisterung und Motivation erlebt hast. Die Mehrzahl der StopOver-Kunden jedenfalls hat zumindest eine vage Erinnerung an vergangene Momente voller Zufriedenheit, Energie und Erfolg.

Allerdings fällt es in der Krise eher schwer, sich an diese beruflichen Höhepunkte zu erinnern. Da dominiert das Negative und Belastende. Eine spätere Übung wird dir die Möglichkeit geben, ausführlicher auf die Suche nach diesen positiven Momenten zu gehen. Die Erkenntnisse daraus wirst du nutzen, um wichtige Hinweise für den weiteren Weg abzuleiten.

Du hast zu diesem Buch gegriffen. Das legt die Vermutung nahe, dass du jedenfalls aktuell und in der jüngeren Vergangenheit vom Flow-Zustand weit entfernt bist.

Für diesen Abwärtstrend können im Einzelfall vielfältige Umstände verantwortlich sein. In der überwältigenden Mehrzahl lassen sich diese allerdings auf die beiden inzwischen bekannten Koordinaten zurückführen:

Aufgaben
Du setzt immer seltener deine Stärken ein und tust stattdessen immer häufiger das, was du weniger gerne machst oder nicht gut kannst.

Bedingungen
Dein Umfeld missachtet deine Bedürfnisse, behindert deine Ziele, raubt dir Kraft und Motivation.

Kurskorrektur

Mit diesen beiden Koordinaten lassen sich im Detail die Faktoren identifizieren, die einen verheerenden Beitrag zu Unzufriedenheit, Druck und Demotivation im beruflichen Umfeld beisteuern.

Gleichzeitig liefern sie Orientierung und den Rahmen für eine gezielte Korrektur deines Berufsweges.

Freude, Anerkennung und Leistung im Arbeitsalltag lassen sich zurückgewinnen, indem du Schritt für Schritt darauf hinarbeitest, in deinem Job

- an den für dich richtigen Aufgaben zu arbeiten,

- unter den für dich passenden Bedingungen zu arbeiten.

Daraus ergeben sich zwei zentrale Fragen.

- Was kann ich?

- Was will ich?

Deine präzisen, aufrichtigen und möglichst lückenlos dokumentierten Antworten darauf liefern dir die notwendigen Hinweise, um dein Ziel zu beschreiben, deinen heutigen Standpunkt zu verstehen und die Entwicklung vom einen zum anderen zu planen.

Diese Fragen klingen so einfach. Überzeugende und vollständige Antworten darauf sind keineswegs simpel.

Die ersten kommen meist spontan, ohne groß darüber nachzudenken. Einigen fällt eine Menge ein. Andere tun sich von Anfang an schwer. Übereinstimmend sind die meisten mit dem gezeichneten Bild nicht wirklich zufrieden.

Das ungute Gefühl schleicht sich ein, wichtige Teile vergessen zu haben. Manche der gefundenen Aspekte klingen nicht überzeugend. Will ich das wirklich? Oder drängen sich da oberflächliche, von überholten Vorstellungen oder den Erwartungen anderer Menschen manipulierte Bilder in den Vordergrund?

Im Ergebnis entsteht ein Bild, das bestenfalls lückenhaft, womöglich sogar irreführend ist.

Etwas so Wichtiges wie die berufliche Zukunft, und damit einen erheblichen Teil der Lebenszeit, auf einer unklaren und potenziell trügerischen Grundlage aufzubauen, ist zumindest fahrlässig.

Begnüge dich nicht mit unscharfen, überlebten oder verfälschten Antworten. Investiere die Zeit und Kraft und begib dich in den folgenden Kapiteln auf die sorgfältige Suche nach deinen stimmigen und vollständigen Antworten und Koordinaten.

2.6 Inventur

Das Leben kann nur in der Schau nach
rückwärts verstanden,
aber nur in der Schau nach vorwärts gelebt werden.
Søren Kierkegaard

In diesem Buch geht es um deine Zukunft. Bevor du daran arbeitest, wie der Weg weitergeht, ist der Blick zurück unabdingbar.

Dabei liegt das Augenmerk darauf,

- möglichst lückenlos alle wesentlichen Puzzleteile deines persönlichen Koordinatensystems zu sammeln,

- Wichtiges von Unwichtigem zu trennen,

- zu differenzieren, was deinen zukünftigen Weg unterstützt und was ihn behindert,

- Muster zu erkennen und für deine Ideen, Entscheidungen und Pläne zu nutzen.

Eine Inventur ist die vollständige Aufnahme aller Bestände zu einem bestimmten Stichtag. Das Wort hat eine lateinische Wurzel.

Invenire übersetzt bedeutet »etwas finden« oder »auf etwas stoßen«. In diesem Wortsinn werden dich die folgenden Kapitel bei der gedanklichen Reise durch deinen bisherigen Berufsweg und bei der Inventur der Aufgaben und Bedingungen begleiten, die bisher eine Rolle gespielt haben.

2.7 Aufgaben

Um ein übereinstimmendes Verständnis sicherzustellen, gilt es erst einmal zu vereinbaren, wie der Begriff »Aufgabe« in den folgenden Kapiteln zu verstehen und anzuwenden ist.

Erinnerst du dich an Sandra G., die als Personalreferentin in einem mittelständischen Handelsunternehmen arbeitet? An ihre Unzufriedenheit und die naheliegende Frage, ob ihr diese Rolle denn noch Spaß macht?

Sandras zentrale Verantwortung bestand darin, die Vertriebsmitarbeiter und Führungskräfte in allen Personalangelegenheiten zu unterstützen. Die konkreten Aufgaben und Teilaufgaben hinter dieser Überschrift waren inhaltlich vielfältig und für Sandra sehr unterschiedlich zufriedenstellend.

Die Begleitung und Beratung bei der Einstellung neuer Mitarbeiter war für sie immer ein aufregender und begeisternder Prozess. Das Dabeisein im Kündigungsgespräch hat sie hingegen schon Tage vorher belastet und schlecht schlafen lassen. Wenn Arbeitszeugnisse zu erstellen waren und andere Kollegen Ausreden gesucht haben, hat sie sich regelmäßig gerne gemeldet und schneller als andere hochwertige Ergebnisse erzielt. Die Vertretung für eine

Kollegin aus der Gehaltsabrechnung hat sie hingegen schon am ersten Vormittag an den Rand der Verzweiflung und Erschöpfung geführt. Der Einsatz in einem Personalentwicklungsprojekt kam anschließend wie eine Erlösung.

Das sind einige der Aktivitäten, die Sandra im Rahmen ihrer Rolle übernommen hat, bei Weitem nicht alle. Die Frage, ob die »Aufgabe als Personalreferentin« ihr Spaß macht, ist für sie entsprechend nicht schlüssig und eindeutig zu beantworten gewesen. Erst auf der Ebene kleiner, abgegrenzter Arbeitsschritte war es ihr möglich, differenzierte und verwertbare Aussagen darüber zu treffen, welche Aufgaben tatsächlich Freude machen und gut gelingen.

Begriffsdefinition Aufgabe

Deine heutige Rolle und Verantwortung im Job werden sich vergleichbar aus einer Reihe unterschiedlicher Tätigkeiten und abgegrenzter Arbeitseinheiten zusammensetzen.

Wenn in der Folge der Begriff »Aufgabe« verwendet wird, dann ist damit gemeint:

Eine Aufgabe ist eine einzelne, in sich abgeschlossene und für dich eindeutig bewertbare Aktivität.

Es ist also wesentlich, Funktionen, Aufträge und Aufgabenpakete auf diese kleinen Einheiten herunterzubrechen.

Ziel an dieser Stelle ist erst mal eine möglichst umfassende Bestandsaufnahme aller Aufgaben, die du aufgrund deiner Rolle, Erfahrungen und Kompetenzen übernehmen könntest. Dazu gehören auch diejenigen, die aktuell nicht in deiner Verantwortung liegen.

Übung: Aufgaben-Inventar

Beginne eine neue Seite in deinem Logbuch und übernimm folgende Struktur.

Abbildung 5: Aufgaben-Inventar

Die beiden Spalten »W« und »K« werden später relevant, erklärt und bearbeitet.

Notiere erst einmal möglichst viele einzelne Aufgaben, unabhängig davon, ob sie dir Spaß machen oder ob du sie gut beherrschst. Bewertungen, Sortierungen und Priorisierungen erfolgen ebenfalls weiter unten.

Formuliere möglichst konkret, mit wenigen Worten. Schreibe jede weitere Aufgabe jeweils in eine neue Zeile. Bei Sandra G. sah diese Seite so aus:

Aufgaben-Inventar

W	K	Aufgabe
		- Arbeitszeugnisse erstellen
		- Führungskräfte beraten
		- An Trennungsgesprächen teilnehmen
		- An Bewerbungsinterviews teilnehmen
		- Trainingsprogramme planen
		- ...

Abbildung 6: Aufgaben-Inventar Sandra G.

Wenn die spontanen Ideen zur Neige gehen, dann nutze die folgenden Hinweise und unterstützenden Fragen, um noch mehr potenzielle Aufgaben zu recherchieren und gegebenenfalls zu ergänzen.

▪ Wenn ich deine Führungskraft fragen würde: Welche Aufgaben würde sie nennen, die bisher nicht auf der Liste stehen?

▪ Welche Aktivitäten, die eigentlich zu den Pflichten deiner Rolle gehören, sind dir bisher vorenthalten worden oder erspart geblieben?

▪ Existiert eine Aufgabenbeschreibung, die in der Personalabteilung einsehbar ist? Gibt es Protokolle oder Notizen von Feedback- oder Zielgesprächen aus den letzten Jahren, aus denen du Ergänzungen entnehmen kannst?

- Mit welchen Worten werden vergleichbare Rollen beschrieben, wenn Unternehmen eine Stellenanzeige dafür veröffentlichen? Lass dich von konkreten Inseraten in internen oder externen Stellenbörsen inspirieren.

- Wie würdest du einer zukünftigen Kollegin erklären, was es in der Rolle alles zu tun gibt?

- Welche Tätigkeiten aus früheren Rollen gehören heute nicht mehr zu deinen Aufgaben und würdest du zukünftig gerne wieder übernehmen?

- Denke an Kolleginnen und Kollegen oder Bekannte mit vergleichbaren Kompetenzen, in ähnlicher Verantwortung. Welche zusätzlichen Aktivitäten dürfen oder müssen sie im Gegensatz zu dir bewältigen?

- Fallen dir weitere Aktivitäten ein, die du zukünftig gerne tun würdest, wenn du die freie Wahl hättest? Welche Aufgaben würdest du ergänzen, wenn du deinen Traum-Job völlig frei selbst zusammenstellen könntest?

Übung: Spurensuche Highlights

In dieser Übung begibst du dich in deinem zurückliegenden Werdegang auf Spurensuche nach bisher übersehenen oder vergessenen Aufgaben. Möglicherweise kannst du dabei kleine und große Schätze wiederentdecken. Notiere sie.

Vielleicht gelingt es dir darüber hinaus, die eine oder andere schöne und inzwischen vergessene Erinnerung aufzufrischen und zu genießen. So wie bei einem Fotoalbum, das du nach vielen Jahren zufällig wiederentdeckst.

Konzentriere dich bei der Suche auf deine persönlichen Highlights, Meisterwerke und Glanzstücke. Damit gemeint sind zum Beispiel Momente, Situationen, Aufgaben und Aktivitäten,

- die du mit außergewöhnlicher Freude, Motivation und Begeisterung erledigt hast,

- in denen du mit voller Energie und hoher Kompetenz einen Beitrag geleistet hast, an den du später mit Zufriedenheit und Stolz zurückdenkst,

- bei denen du anschließend »aufgewacht« bist und die Zeit vergessen hast,

- wo du mühelos konzentriert und maximal effizient bei der Sache warst,

- in denen du dich immer wieder gerne und besonders engagiert hast,

- die andere gerne nutzen, um mit Begeisterung über dich zu erzählen,

- die dich trotz beachtlicher Leistung anschließend energiegeladen und unternehmungslustig zurückgelassen haben,

- nach denen das zufriedene Gefühl zurückblieb, etwas Besonderes geleistet zu haben.

In deiner Liste hat der Aufmerksamkeit erregende Erfolg im beeindruckenden Großprojekt genauso seinen Platz wie der nach außen kaum auffallende »kleine« persönliche Triumph. Für die Bewertung dieser Ereignisse zählt ausschließlich deine eigene subjektive Einschätzung.

Der Eindruck und die Wertung von anderen Menschen spielen hier keine Rolle. Es geht also nicht um die Situationen, die zwar von anderen mit einem »gut gemacht« kommentiert wurden, die dir selbst aber tatsächlich, über die Erfüllung einer Pflicht hinaus, keine innere Freude und Befriedigung bereiteten.

Es ist auch nicht wichtig, ob es dabei um berufliche oder private Erlebnisse geht. Berücksichtige also neben Beispielen aus deiner Arbeit auch deine Hobbys. Denke an private, freiwillige oder soziale Aktivitäten und Projekte.

Beschränke dich nicht auf die jüngere Vergangenheit, sondern betrachte jede Lebensphase bis zurück in die Kindheit gleichberechtigt.

Es kann sein, dass du bei der Suche auf Beispiele triffst, die spontan einem oder mehreren dieser Kriterien entsprechen, und bei denen sich der innere Kritiker umgehend zu Wort meldet:

»Im Ernst? Das soll ein Erfolg sein?«, »Auf so was Banales bist du stolz?«, »Damals mag das großartig gewesen sei, aber aus heutiger Sicht ist das doch Kleinkram.«

Auch wenn es diese Stimme im Grunde gut mit dir meint und an anderen Stellen wichtig ist: Lass dich diesmal und für diesen Zweck davon nicht einschränken.

Selbstverständlich geht es nicht um unrealistische Übertreibungen, Fantasien oder das Schmücken mit fremden Federn. Genauso wenig hat aber allzu große Bescheidenheit an dieser Stelle einen Platz.

Sei also im Zweifel eher großzügig als zu (selbst-)kritisch. Vertraue deinem Bauchgefühl, wohlwollend und mit gesundem Selbstbewusstsein.

Öffne eine neue Seite deines Logbuches im Querformat und zeichne in der Mitte des Blattes eine horizontale Linie. Sie steht für die Zeit von deiner Geburt bis heute.

Abbildung 7: Spurensuche

An das rechte Ende schreibe das heutige Datum, an das linke Ende das Datum deiner Geburt.

Markiere auf der Linie alle Wechsel zu neuen Lebensphasen und schreibe über der Linie eine Überschrift und darunter die jeweilige Jahreszahl dazu. Zum Beispiel: Schulabschluss. Ausbildung. Berufsphasen, die abgegrenzt sind durch für dich relevante Veränderungen (Jobwechsel, neue Vorgesetzte, Beförderungen, wichtige Projekte und Aufgaben ...). Falls vorhanden, markiere weitere Phasen, die für dich wichtig und prägend waren (Auszeiten, Kindererziehung etc.).

Beginne am rechten Ende, also in der Gegenwart, und spaziere gedanklich in die Vergangenheit. So, als ob du einen Film rückwärts laufen lassen würdest. Aufmerksam, neugierig, ohne Eile. Lass dich auf die Erinnerungen ein und lass den prägenden Szenen der jeweiligen Phase Zeit zum Auftauchen. Achte auch auf die weniger offensichtlichen Momente, die weniger dramatischen, vergessenen, leicht zu übersehenden.

Ein wichtiger Hinweis: Falls du weißt oder ahnst, dass der Zeitstrahl auch stark belastende Zeiten, Situationen und Ereignisse abbildet, dann lasse diesen Teil der Rückschau bitte nicht allein ablaufen. Für den Zweck dieser Übung ist es völlig in Ordnung, eine solche Phase zu überspringen. Alternativ hole dir die Unterstützung und Begleitung eines Menschen, dem du diesbezüglich voll vertraust.

Jedes Mal, wenn du ein Highlight im oben beschriebenen Sinne entdeckst, dann notiere eine kurze Bezeichnung oder Überschrift. Dabei ist der gewählte Begriff nicht entscheidend. Wichtig ist, dass er dir später das Stichwort für die weitere Auswertung liefert. Entsprechend kannst du sofort nach der kurzen, aber prägnanten Notiz deinen gedanklichen Spaziergang in die Vergangenheit fortsetzen.

Es kann gut sein, dass bei der Übung wichtige Gedanken, Fragen, Ideen oder Erkenntnisse auftauchen, die nicht direkt mit dem Ziel dieser Aufgabe zu tun haben. Schade wäre, wenn diese verloren gehen. Gleichzeitig ist es wichtig, den Fluss der Erinnerungen nicht lange zu unterbrechen und sich nicht in einzelnen Gedankengängen zu verlieren. Nutze den Platz unter der Linie, um diese Aspekte knapp und gleichzeitig so ausreichend festzuhalten, dass du sie bei anderer Gelegenheit, wenn du magst, wieder aufnehmen kannst.

Notiere auf diese Weise für jede der Phasen positive Erinnerungen, Erfahrungen und Highlights. Mindestens zwei, gerne auch mehr.

Anschließend geht es zum Teil 2 und der Auswertung.

Übung: Spurensuche, Teil 2

Beginne diesmal links am Anfang der Linie mit dem ersten notierten Highlight, also mit deiner ältesten Erinnerung. Notiere die Überschrift zum ersten Punkt auf einer neuen Seite deines Logbuchs.

Abbildung 8: Spurensuche, Teil 2

Die folgenden Fragen 1 bis 3 werden dir helfen, dich möglichst konkret und vollständig zu erinnern. Diese Antworten musst du nicht aufschreiben. Notiere nur das, was du bewusst schriftlich festhalten willst.

Die Antworten auf Frage 4 und 5 werden später gebraucht. Diese solltest du also zu Papier bringen.

1. Worum ging es in der Situation? Welche Menschen waren beteiligt? An welche Details erinnerst du dich – Ort, Stimmung, Tageszeit, Geräusche, Gerüche etc.?

2. Was war die Ausgangslage, das Problem, die Herausforderung?

3. Was war das Ergebnis? Welcher Nutzen und Mehrwert haben sich daraus ergeben?

4. Mit welchen Aktivitäten hast du zu der Entwicklung und dem Resultat beigetragen? Was waren deine Aufgaben? Was hast du konkret gemacht? In manchen Situationen kann die Lösung durch eine einzelne Maßnahme erfolgt sein. In anderen waren ggf. eine ganze Reihe von Schritten notwendig. Formuliere möglichst präzise und allgemein verständlich.

5. Welche Umfeldfaktoren oder Bedingungen haben dieses besondere Erlebnis möglich gemacht? Was genau war für dich dabei besonders motivierend? Was hat am meisten Freude gemacht oder Begeisterung ausgelöst?

Vergleiche die Antworten auf Frage 4 mit dem Aufgaben-Inventar und ergänze dort die bisher nicht aufgelisteten.

Verabschiede dich gedanklich von dieser Situation und bearbeite die nächsten Highlights auf die gleiche Weise. Du kannst auf dem Blatt nach der neuen Überschrift einfach weiterschreiben oder für jede Situation ein eigenes Blatt nutzen.

Solange du im Fluss bist, mach weiter. Falls du zwischendrin das Gefühl hast, dass Konzentration, Lust oder Energie knapp werden, solltest du eine Pause einlegen. Gib dir die Zeit und Chance, unter dem Staub der Jahre und in den verdeckten Winkeln des Gedächtnisses versteckte Perlen zu entdecken, die dir bei den bisherigen Überlegungen und Fragen entgangen sind.

Wenn die letzte Situation ausgewertet und die Inventur der Aufgaben abgeschlossen ist, dann hast du einen wichtigen Meilenstein deiner Reisevorbereitung erreicht. Du hast damit einen Fundus sichtbar gemacht, den du im weiteren Verlauf mit Folgeübungen weiter auswerten und nutzbar machen wirst.

Was machst du gut?

»Was können Sie?«, »Worin liegen Ihre Stärken?«, »Was sind Ihre wichtigsten Kompetenzen?«

Wenn es um die Besetzung einer freien Stelle geht, nimmt die Beantwortung dieser Fragen einen entscheidenden Platz ein. Aus der Perspektive der Fragenden und Einstellenden ist das absolut nachvollziehbar.

Wenn es dir aber nicht nur darum geht, möglichst schnell irgendeinen Job zu finden, sondern in der Rolle nachhaltig erfolgreich, anerkannt und zufrieden zu sein, macht ein genaueres Hinsehen Sinn. Das habe ich an meinem ersten beruflichen Wendepunkt hautnah selbst erlebt.

1998. Mein erstes Team-Meeting im neuen Unternehmen, gleich nach dem mit viel Energie herbeigeführten Umbruch von der IT-Karriere hin zu meinem Traumberuf als Coach und Berater.

Ich erinnere mich an die Mischung aus Stolz, Aufregung und Unsicherheit, als der Inhaber und Geschäftsführer der HR-Beratung mich aufforderte, mich vorzustellen. Kaum war ich fertig mit der Schilderung meines bisherigen Werdeganges, da platzte es aus einer der neuen Kolleginnen voller Begeisterung heraus:

»Uiiiih, das ist ja super. Sie kommen aus einer IT-Firma. Dann kennen Sie sich bestimmt gut mit Computern aus. Endlich jemand im Team, der uns rettet, wenn der Datenserver mal wieder spinnt.«

Sie hatte zielsicher, mit großer Begeisterung und völlig ohne böse Absicht exakt das Feld meiner Kompetenzen getroffen, das ich gelernt und mit dem ich die letzten Jahre verbracht hatte, das ich **gut konnte**, aber eben zukünftig **gerade NICHT mehr tun wollte**.

Mein Entsetzen muss mir damals wohl deutlich anzusehen gewesen sein. Jedenfalls hat sie mich nach dem Meeting bei der nächsten Gelegenheit angesprochen. Wir haben das Missverständnis ausgeräumt und daraus ist eine jahrelange kollegiale und bereichernde Zusammenarbeit entstanden.

Stärken und Kompetenzen sind für den beruflichen Erfolg unverzichtbar. Das ist sicher keine Neuigkeit. Die Erkenntnis, dass sie auch zum Fluch und zur Belastung für Motivation, Zufriedenheit und letztlich auch Leistungsfähigkeit werden können, hat zumindest mich kalt getroffen. Und im Rückblick für den einen oder anderen Aha-Effekt gesorgt.

Was machst du gerne?

Ich bin die Karriereleiter Stufe für Stufe nach oben gestiegen. Nur um oben angekommen zu merken, dass die Leiter an der falschen Wand steht.

Verfasser unbekannt

Andere Menschen spiegeln mir, dass ich es verstehe, Dingen auf den Grund zu gehen. Es reizt mich, Struktur in ungeordnete Informationen zu bringen und anschließend relevante Erkenntnisse abzuleiten. Verantwortung zu übernehmen, wenn ich gebraucht werde, war für mich lange alternativlos.

Diese Kompetenzen versetzen mich in die Lage, im Coaching und in der Beratung zur notwendigen Klarheit als Basis einer selbstverantwortlichen Veränderung beizutragen.

Sie werden allerdings genauso genannt, wenn nach fähigen Controllern und verantwortungsvollen Managern gesucht wird.

Dass jede Form der Kontrolle bei mir selbst eine heftige allergische Reaktion auslöst und ich genauso ungerne andere kontrolliere, war weder für mich noch für mein Umfeld klar und wichtig genug, um von 2001 bis 2004 meine schleichende Verwandlung vom Coach zum Geschäftsführer für den Bereich Coaching und zum Controller von anderen Coaches aufzuhalten.

Was von außen so aussah wie ein beeindruckender Karrieresprung, sorgte bei mir innerlich für einen Riss, aus dem Motivation und Leistungsfähigkeit mit rasanter Beschleunigung ins Nichts abflossen.

Nach und nach sind damals die unbeabsichtigten Konsequenzen dieser Entwicklung immer weniger zu übersehen gewesen. Für die individuelle Arbeit mit Menschen im Coaching, meine entscheidende Motivation zum Berufswechsel, blieb keine Zeit mehr. Nach langen Arbeitsstunden und spätem Feierabend fehlte mir die Energie und Gelassenheit, um im Familienkreis einen positiven Beitrag leisten zu können.

Ich habe damals verbissen, ohne Erfolg und am Ende verzweifelt versucht, diese Entwicklung zu verstehen und einen Ausweg zu finden. Der Durchbruch kam dann mit der beiläufigen Frage einer Kollegin:

Du kannst offensichtlich sowohl Coaches managen als auch Coach sein. – Was davon willst du eigentlich wirklich machen?

Diesen offensichtlichen und fundamentalen Gegensatz hatte ich im Eifer und in der Anspannung der reizvollen Verantwortung völlig aus den Augen verloren. Diese Klarheit hat mir dann die Entschlossenheit und den Mut gegeben für den zweiten wegweisenden Wendepunkt auf meinem Berufsweg.

Ich habe mich endgültig dafür entschieden, als Coach selbst Menschen zu begleiten. In den Situationen, in denen es gilt, entscheidende Weichen im Beruf und im Leben zu stellen. Auf ihrem Weg zu inspirierenden Perspektiven, realistischen Optionen und einem zuversichtlichen Aufbruch.

Der freiwillige Schritt von der Geschäftsführung in eine ungewisse selbstständige Zukunft ist mir nicht leichtgefallen. Er war damals für viele nicht nachvollziehbar, wurde wahlweise als »naiv«, »leichtsinnig« oder »unverantwortlich« angesehen. Gleichzeitig habe ich erfahren dürfen, dass die Menschen, die mir wirklich nahestehen, insbesondere meine Frau, mich auch bei diesem zweiten fundamentalen Umbruch bestärkt und unterstützt haben.

Seitdem und bis heute darf ich das tun, was mich begeistert. Für dieses Privileg bin ich unglaublich dankbar. Die Alternative will ich mir gar nicht vorstellen.

Burnout Skills

Vielleicht hast du auch Momente erlebt, in denen du aus Sicht deines Umfeldes erfolgreich und nützlich warst, die sich aber innerlich leer und enttäuschend angefühlt haben, die dich demotiviert und ausgelaugt zurückgelassen haben.

Der amerikanische Autor Bernard Haldane hat für diese Kompetenzen den Begriff »Burnout Skills« geprägt. Für ihn sind das die Kompetenzen,

- die du tatsächlich beherrschst,

- die für andere aufgrund deines Werdeganges, deiner Ausbildungen, deiner vergangenen Erfolge offensichtlich sind,

- die dich vielleicht tatsächlich mal gereizt haben, heute aber Langeweile oder sogar Widerwillen und damit kräftezehrenden Stress verursachen.

Die Karriere-Expertin Claire Burge schreibt dazu:

> *Burnout Skills sind die Aktivitäten, in denen du dich hervortust, die andere Menschen als deine Stärken identifizieren und die dir dabei gleichzeitig Motivation und Energie rauben.*[6]

Diese Kategorie von Aktivitäten und Kompetenzen, die du gut beherrschst, aber nicht (mehr) gerne machst, sind heimtückische Fallen und für deine befriedigende Neupositionierung brandgefährlich.

Diese Stärken sind oft für andere offenkundig. Du wirst gerade in diesen Aufgaben bevorzugt eingesetzt, in den meisten Fällen in bester Absicht. Und wenn du dich dann zusammenreißt und mit den ja durchaus vorhandenen Fähigkeiten auch noch erfolgreich bist, werden Auftraggebende in ihrer Einschätzung bestätigt. Der Folgeauftrag und die Fortsetzung und Verfestigung dieses Missverständnisses ist die logische und aus Sicht der anderen nachvollziehbare Folge.

Dich kosten die Burnout Skills Überwindung und Energie, ohne für Nachschub in Form von Motivation und Begeisterung zu sorgen. Trotzdem kann es schwerfallen, die nervige, kräftezehrende Pflicht konsequent abzulehnen.

Schließlich sind wir nicht im Wunschkonzert. Und wenn ich gebraucht werde und helfen kann, lasse ich keinen hängen.

So oder so ähnlich klingen die Begründungen dafür, diese Aufgaben »ausnahmsweise« zu übernehmen.

Je größer der Anteil dieser Energiefresser an deiner Arbeit ist, desto stärker wird sich das wachsende Energiedefizit in der Gestalt von Demotivation, Erschöpfung und Unzufriedenheit bemerkbar machen.

Schlüsselaufgaben

Erfreulicherweise hat besagter Bernard Haldane auch gleich die positiven Gegenspieler zu diesen problematischen Kompetenzen identifiziert und beschrieben.

Diese »Motivated Skills« zeichnen sich dadurch aus, dass sie nicht nur zu deinen besonderen Stärken gehören, sondern darüber hinaus auch Freude machen und Kraft geben.

In einer groß angelegten Studie unter Tausenden von Berufstätigen wurde unter anderem nachgewiesen, dass die Zufriedenheit am Arbeitsplatz in entscheidendem Maße dadurch bestimmt wird, dass diese signifikanten persönlichen Stärken eingesetzt und von anderen anerkannt und wertgeschätzt werden.[7]

Schlüsselaufgaben sind diejenigen, in denen du mit deinen Motivated Skills erfolgreich bist. Je stärker du diese einsetzen kannst, desto wahrscheinlicher ist es, dass du damit nicht nur erfolgreich sein wirst, sondern dass zudem Zufriedenheit, Energie und Motivation zunehmen.

Studien zeigen auch, dass es zwei von drei Befragten schwerfällt, ein überzeugendes Bild ihrer besonderen Stärken zu formulieren. Eine Mehrzahl von Berufstätigen berücksichtigt dieses Kapital nur unzulänglich und schöpft deshalb das eigene Potenzial nicht annähernd aus.

Entsprechend macht es viel Sinn, die obige Frage nach deinen Stärken in erweiterter Form zu stellen:

W = Wollen: Welche Aufgaben machst du gerne oder nicht (mehr) gerne?

K = Können: Welche Aufgaben machst du gut oder (noch) nicht gut?

Übung: Gerne oder nicht (mehr) gerne?

Jetzt geht es also darum, die Aufgaben in deinem Inventar zu differenzieren. Prüfe Zeile für Zeile und bewerte sie in der Spalte W abhängig davon, welche der folgenden Beschreibungen am ehesten zutrifft:

___ *(Aufgabe) übernehme und erfülle ich*

- *»-3« überhaupt nicht gerne*

- *»-2« nicht gerne*

- *»-1« weniger gerne*

- *»+1« eher gerne*

- *»+2« gerne*

- *»+3« besonders gerne*

Aufgaben, die früher Spaß gemacht haben, können irgendwann langweilig werden und nerven. Statt einer veralteten und überholten Einschätzung ist hier deine Bewertung für die heutige und zukünftige Rolle gefragt.

Bei dieser Übung geht es nicht darum, jede einzelne Zeile mit wissenschaftlichem Anspruch so lange zu überdenken, bis du zu einem rational belegbaren und zweifelsfreien Ergebnis gelangst. Vertraue auf die spontane, intuitive Reaktion und halte sie fest.

Übung: Gut oder (noch) nicht gut?

Wieder besteht die Aufgabe darin, für jede einzelne Zeile eine Wahl zwischen den folgenden Ausprägungen zu treffen und in der Spalte K festzuhalten.

___ *(Aufgabe) kann ich*

- »-3« *überhaupt nicht gut*

- »-2« *nicht gut*

- »-1« *weniger gut*

- »+1« *eher gut*

- »+2« *gut*

- »+3« *besonders gut*

Nach Abschluss dieser Bewertung hast du jede Aufgabe einer von vier möglichen Kategorien zugeordnet.

Aufgaben-Kategorien

Diese Aufgabe mache ich weder gerne noch gut.
Wollen: »-1« bis »-3«, Können: »-1« bis »-3«. Diese Kategorie gilt es logischerweise so weit wie möglich zu vermeiden. Im Normalfall wirst du das intuitiv tun. Auch für andere ist es eher unwahrscheinlich, dass sie dir in diesem Bereich Aufträge geben. Ausgeschlossen ist es aber nicht. Wenn einzelne Aktivitäten dieser Art sich trotzdem in deinen Verantwortungsbereich verirren, ziehen sie unausweichlich Frust und Misserfolg an.

Diese Aufgabe mache ich nicht (mehr) gerne, kann ich aber gut.
Wollen: »-1« bis »-3«, Können »+1« bis »+3«. Die »Burnout Skills« haben wir oben schon beleuchtet. Die Kategorie ist die heimtückischste und für die berufliche Zufriedenheit gefährlichste.

Diese Aufgabe mache ich gerne, aber (noch) nicht gut.
Wollen: »+1« bis »+3«, Können »-1« bis »-3«. In diesem Bereich finden sich die positiven Herausforderungen, dein Entwicklungs- und Wachstums-Potenzial.

Diese Aufgabe mache ich gerne und kann ich gut.
Wollen: »+1« bis »+3«, Können »+1« bis »+3«. Das sind deine Schlüsselaufgaben. Diejenigen, die dich motivieren und mobilisieren, in denen du fast mühelos herausragende Ergebnisse erzielst.

Zur ausführlichen Interpretation der Liste, der Bewertungen und vor allem der Ableitung von Erkenntnissen, Konsequenzen und Maßnahmen wirst du im Kapitel JobCockpit Gelegenheit haben.

Ein optimiertes Aufgabenprofil ist eine notwendige Voraussetzung für Motivation und Erfolg im Beruf. Ausreichend für tatsächliche Zufriedenheit ist es genauso wenig, wie eine Koordinate allein die Bestimmung einer Position ermöglicht.

Deshalb geht es im nächsten Kapitel darum, die zweite Koordinate für berufliche Zufriedenheit zu analysieren.

2.8 Bedingungen

Jede Aufgabe ist eingebettet in ein Umfeld, das die Bedingungen prägt, unter denen wir unserer Arbeit nachgehen.

Diese Bedingungen können beflügeln, Kraft geben und das gegebene Potenzial aufblühen und zur vollen Wirkung kommen lassen.

Oder aber sie belasten, erzeugen Widerstand, kosten Kraft und Zeit, die dann für die Bewältigung der Aufgaben fehlt.

Na und?

Das könnte man an der Stelle fragen. Schließlich wird man bezahlt für die geleistete Arbeit und ob das häufig zitierte »Schmerzensgeld« das Unwohlsein ausreichend kompensiert, kann ja jeder selbst entscheiden.

Das ist hier eben kein Wunschkonzert.

So lautet eines der ernüchternden Zitate, die ich im Coaching in trauriger Regelmäßigkeit höre. Dabei bringen belastende Umfeldbedingungen Konsequenzen mit sich, die weit über die Beeinträchtigung des persönlichen Wohlergehens hinausgehen.

Energiefresser

Ignorierte oder verletzte Bedürfnisse und Werte werden zu »Energiefressern«. Wann immer du den belastenden Wirkungen ausgesetzt bist, musst du erst einmal einen Teil deiner verfügbaren Kraft dafür aufbringen, diesen Widerstand zu überwinden.

Je stärker dein Umfeld dies notwendig macht, desto weniger Energie und Leistungsfähigkeit wird für die erfolgreiche Erledigung der eigentlichen Aufgabe übrig sein.

Das hat dann nicht nur Einfluss auf die individuelle Zufriedenheit, sondern genauso auf Leistungsfähigkeit, Produktivität und beruflichen Erfolg.

Darunter leidest dann nicht nur du, sondern auch das Unternehmen.

Maria B. und Markus M. – ein realitätsnahes Szenario

Markus M. ist Finanzbuchhalter in einem mittelständischen Produktionsbetrieb. Er beherrscht die entscheidenden Fähigkeiten, die einen ausgezeichneten Finanzexperten ausmachen. Im Allgemeinen ist er ein engagierter und motivierter Mitarbeiter. Er hat den Anspruch an sich und seine Aufgabe, gesetzte Ziele zu erreichen und einen echten Beitrag zum Erfolg des Unternehmens zu leisten.

Markus genießt jeden Morgen die Briefings, die sein neuer Vorgesetzter etabliert hat. Danach hat er ein klares Bild davon, was an diesem Tag von ihm erwartet wird. Er freut sich darauf, die gestellten Herausforderungen anzunehmen, und ist zuversichtlich, ein exzellentes Ergebnis vorlegen zu können. Als abschließenden Höhepunkt des Tages empfindet er es, wenn er dann kurz vor Feierabend auch noch dem Vorgesetzten begegnet und dieser die Leistung wertschätzt. Nach der frustrierenden Unberechenbarkeit des Vorgängers blüht Markus regelrecht auf.

Gleiche Firma – gleiche Abteilung – andere Perspektive:

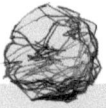

Maria B. ist Controllerin im selben Unternehmen, in der gleichen Abteilung. Sie beherrscht die entscheidenden Fähigkeiten, die eine ausgezeichnete Finanzexpertin ausmachen. Genau wie Markus ist sie eigentlich eine engagierte und motivierte Mitarbeiterin. Sie hat ebenfalls den Anspruch an sich und ihre Aufgabe, gesetzte Ziele zu erreichen und einen echten Beitrag zum Erfolg des Unternehmens zu leisten.

Ihr neuer Chef hat als eine seiner ersten Maßnahmen für Maria und weitere Leistungsträger des Bereiches tägliche individuelle Abstimmungsmeetings festgelegt. Seitdem erlebt sie zum ersten Mal, dass sie an Arbeitstagen schon beim Aufwachen einen spürbaren inneren Widerstand überwinden muss. Bei ihrem vorherigen Vorgesetzten hatte sie maximale Freiheiten, die sie genossen und genutzt hat.

Inzwischen weiß sie, dass nach dem morgendlichen Meeting nicht nur festgeschrieben sein wird, was sie heute zu tun hat, sondern in vielen Fällen auch, wie sie das zu machen hat. Manchmal gelingt es ihr am Abend nicht, ihrem Chef aus dem Weg zu gehen. Das unweigerlich folgende Schulterklopfen ruiniert dann einen weiteren mühsamen Arbeitstag endgültig.

Nach motivierendem Vertrauen und Handlungsfreiheit in der Zusammenarbeit mit dem Vorgänger ist von Marias Engagement und Zufriedenheit nicht mehr viel übrig.

Im beruflichen Profil von Maria und Markus gibt es jede Menge Gemeinsamkeiten. Vergleichbare Ausbildungen und Qualifikationen. Ein selbstverständliches Engagement und ein hoher Anspruch an sich und die eigenen Leistungen. Aufgaben, in denen die individuellen Kompetenzen voll zum Tragen kommen.

Neben diesen wichtigen Übereinstimmungen gibt es offensichtlich auch entscheidende Differenzen. Der Unterschied liegt in der abweichenden Interpretation des veränderten Umfeldes und in den Auswirkungen auf Zufriedenheit, Motivation und Leistungsfähigkeit.

Marias und Markus' Beispiel zeigt stellvertretend den gravierenden und meist vernachlässigten Einfluss, den die akuten Umfeldbedingungen haben.

Wer langfristig sowohl zufrieden als auch erfolgreich sein will, hat die besten Aussichten darauf in einem Umfeld, das möglichst umfassend den eigenen Vorstellungen und Bedürfnissen entspricht.

Bedingungen-Sammlung

Auf den folgenden Seiten findest du konkrete Bedingungen, denen StopOver-Kunden einen nachhaltigen Einfluss auf ihre Zufriedenheit und Motivation zugeschrieben haben.

Beschrieben wurden sowohl die negativen, belastenden und kräftezehrenden Ausprägungen als auch die angestrebten positiven, motivierenden Formen.

Im Sinne der Übersichtlichkeit sind die Nennungen in vier Kategorien gegliedert:

- AUTONOMIE: Ich kann nach meinen Vorstellungen selbstständig entscheiden und handeln.

- WIRKUNG: Ich kann Verantwortung übernehmen, Veränderung treiben und gewünschte Resultate erzielen.

- BESTÄNDIGKEIT: Ich kann die Dinge sichern und erhalten, die mir im Leben, in meinen Beziehungen und in meiner Arbeit wirklich wichtig sind.

- ZUGEHÖRIGKEIT: Ich kann mit anderen Menschen verbunden sein, interagieren und überwiegend harmonisch zusammenarbeiten.

Vielleicht wirst du bei den Beispielen überrascht feststellen, dass einzelne Bedingungen und Begriffe dich wenig oder gar nicht berühren.

Im Einzelfall ist es gut möglich, dass du bei dir sogar die gegenteilige Reaktion feststellst. Erinnere dich: Was Maria als unerträgliche Einschränkung ihrer Handlungsfreiheit die Luft abschneidet und Kraft absaugt, schätzt Markus als Klarheit und Verlässlichkeit, die ihn zur Höchstform auflaufen lässt.

Bei anderen Bedingungen wirst du spontan merken, dass sie auch für dich ähnlich wirksam sind.

Bei der Definition dessen, was persönlich wirklich wichtig ist, gibt es also kein allgemein gültiges »Richtig oder Falsch«, »Gut oder Schlecht«. Für jeden Menschen gelten eigene charakteristische Maßstäbe. In diesem Sinne sind die Formulierungen auf den folgenden Seiten als Anregung und Impuls zum unvoreingenommenen Ermitteln deiner eigenen Präferenzen zu verstehen.

Autonomie

Ich bin zufrieden, wenn ich nach meinen Vorstellungen selbstständig entscheiden und handeln kann.

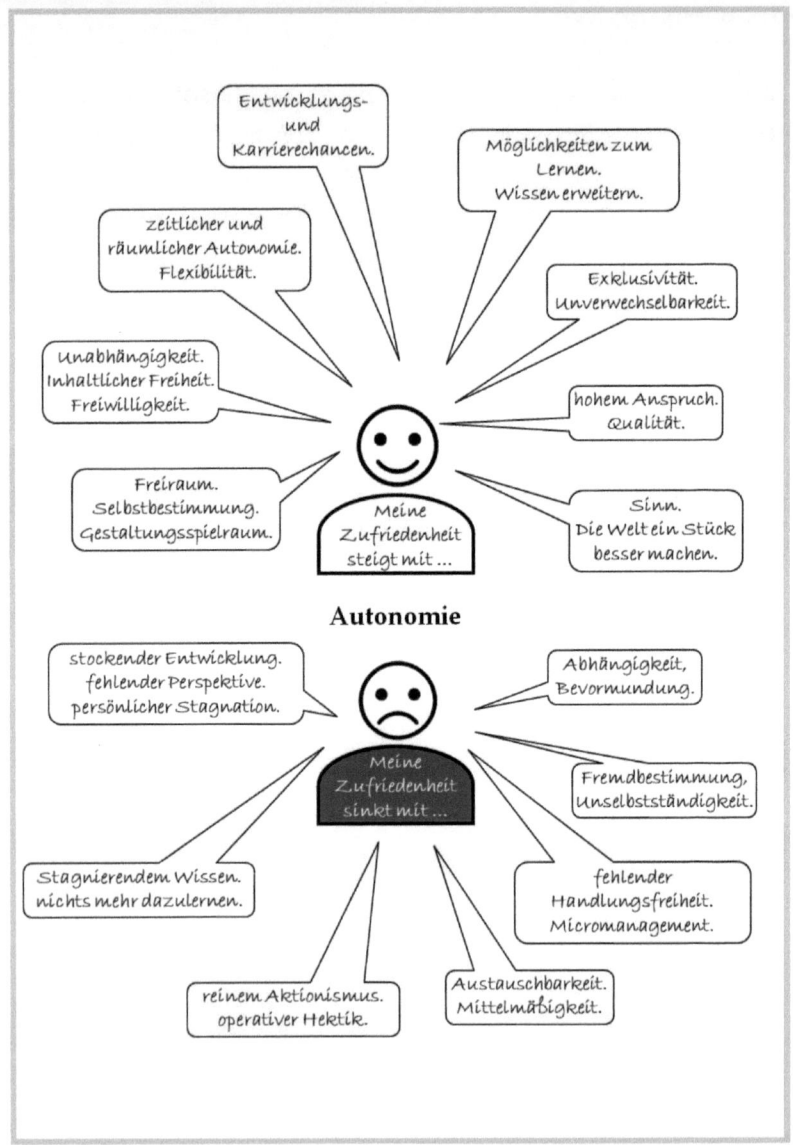

Abbildung 9: Autonomie

Wirkung

Ich kann Verantwortung übernehmen, Veränderung treiben und gewünschte Resultate erzielen.

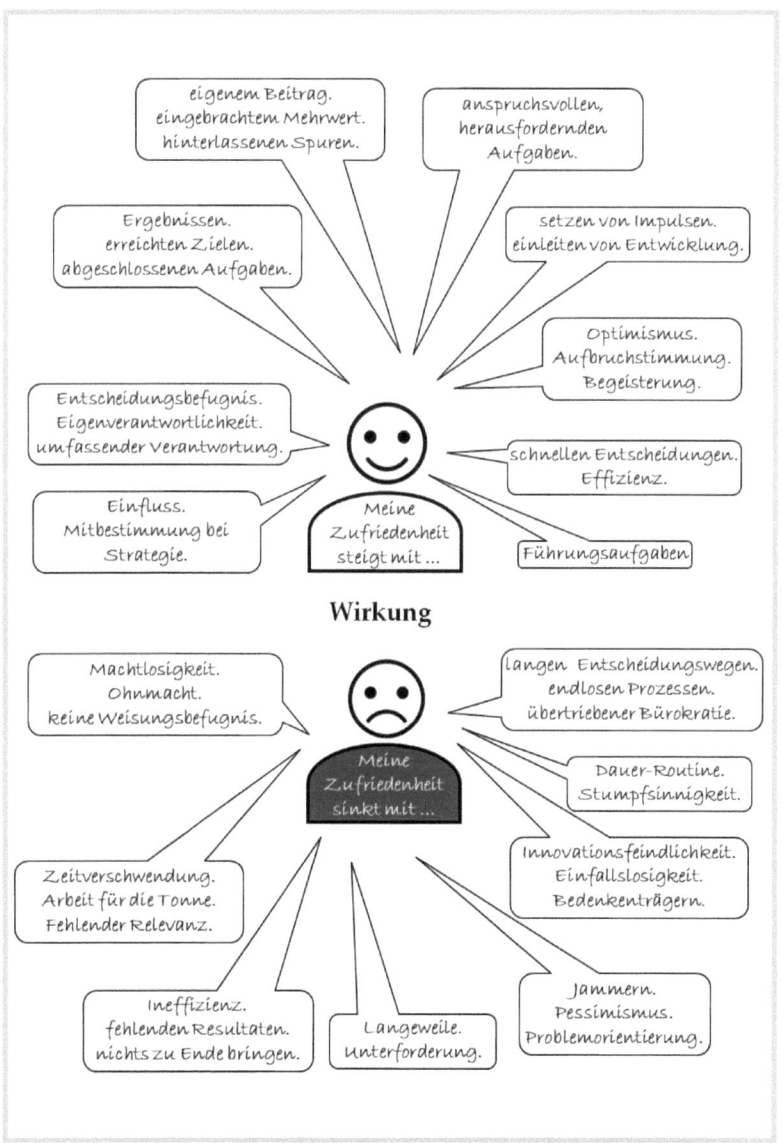

Abbildung 10: Wirkung

Beständigkeit

Ich kann die Dinge sichern und erhalten, die mir im Leben, in meinen Beziehungen und in meiner Arbeit wichtig sind.

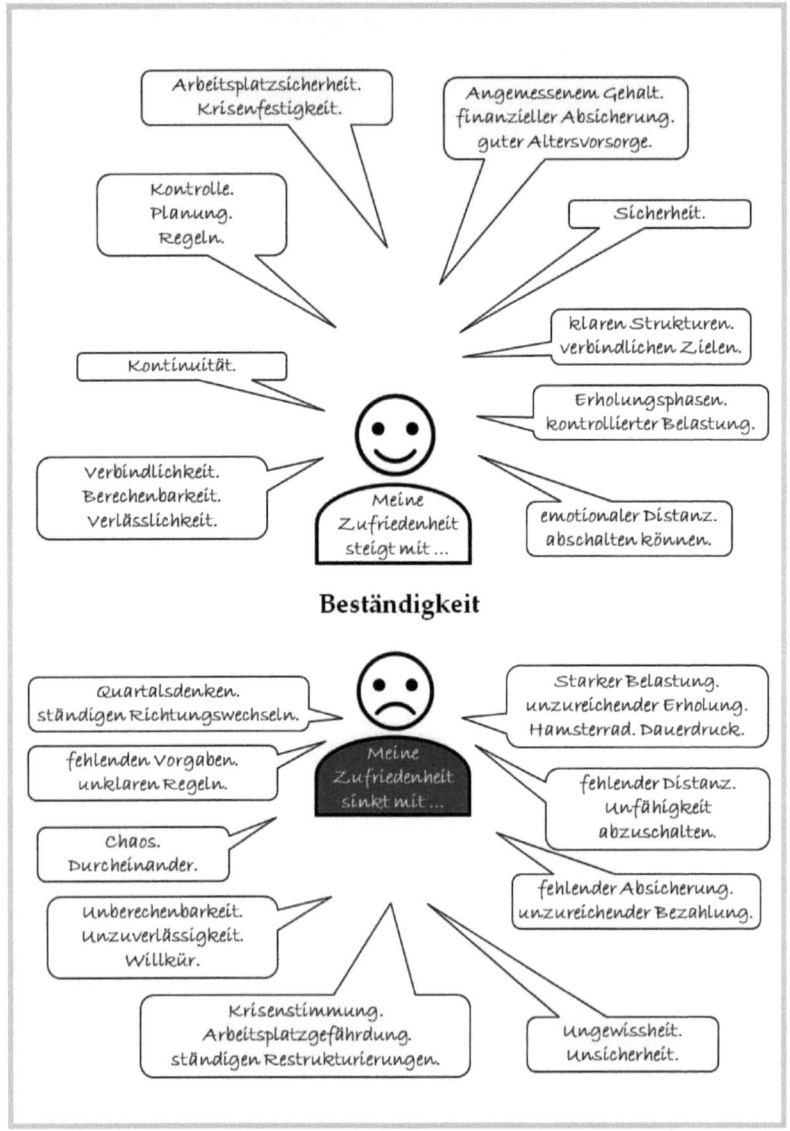

Abbildung 11: Beständigkeit

Zugehörigkeit

Ich kann mit anderen Menschen verbunden sein, interagieren und überwiegend harmonisch zusammenarbeiten.

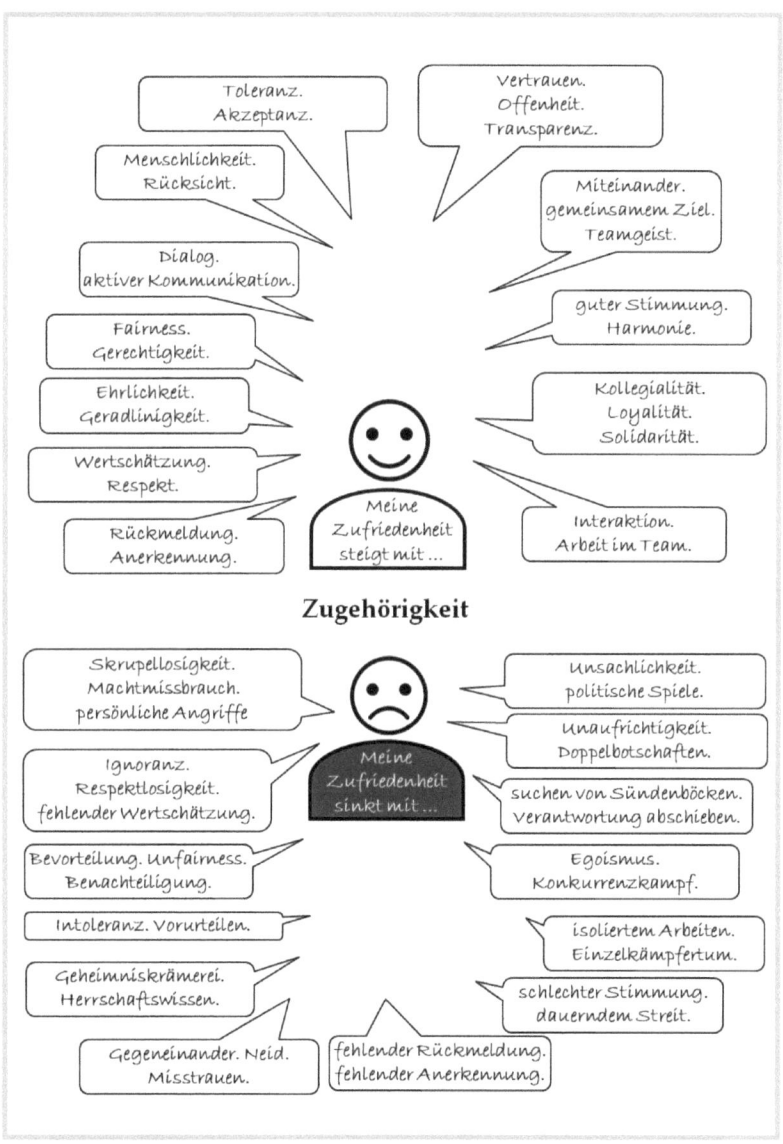

Abbildung 12: Zugehörigkeit

Du hast eine Reihe von Beispielen und Bedingungen gesehen, die für andere Berufstätige einen starken Einfluss auf die Zufriedenheit im Arbeitsalltag haben.

Umfeldfaktoren und ihre Wirkung können also nur individuell identifiziert, interpretiert und in eine gezielte Positionierung einbezogen werden. Eine klare Vorstellung über die eigenen Anforderungen, Wünsche und Ziele ist die notwendige Voraussetzung für die Entwicklung einer persönlichen Strategie und effektiver Maßnahmen zur Verbesserung der beruflichen Situation.

Neben den relevanten Aufgaben wirst du die für dich entscheidenden Bedingungen im zentralen Modell dieses Buches festhalten, in deinem individuellen JobCockpit.

3. JOBCOCKPIT

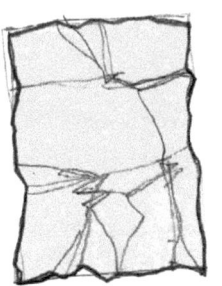

Im Cockpit des Flugzeuges hat die Pilotin alle Steuerelemente im Blick. Sie zeigen in jedem Moment die aktuelle Position genauso an wie die notwendigen Steuergrößen zum gezielten und sicheren Erreichen des Reisezieles.

Das JobCockpit ist analog aus dem Bedürfnis heraus entstanden, die erarbeiteten Einzelergebnisse in einem Bild so zu visualisieren, dass alle relevanten Elemente auf einen Blick erfassbar sind.

3.1 Sicher navigieren

Mithilfe deiner eigenen Version des JobCockpits wirst du in der Lage sein, die entscheidenden Aspekte deiner Entwicklung zu verstehen und vor allem zu optimieren.

Orientierung

Auf deine Kompetenzen und Bedürfnisse bezogen, zeigt es dir jederzeit, wo du gerade stehst und an welchen Stellschrauben du drehen kannst, um dich deinem Ziel weiter zu nähern.

Entscheidungen

Jedes Mal, wenn du eine Entscheidung zu treffen hast und sicherstellen willst, dass du kein wichtiges Kriterium übersiehst, lohnt sich der Blick auf deine Instrumententafel.

Optionen

Auf deinem Weg werden sich neue Möglichkeiten ergeben und Perspektiven anbieten. Ohne eine schnelle und sichere Bewertung mag es sein, dass der Mut fehlt, entschlossen zuzugreifen. Bevor du dich versiehst, hat dir jemand anderes die Chance weggeschnappt. Oder du lässt dich zu einer übereilten Entscheidung hinreißen und merkst zu spät und umso schmerzhafter, dass du gravierende Nachteile übersehen hast.

Mithilfe des Cockpits bist du in der Lage, die relevanten Kriterien schnell zu bewerten oder bei Bedarf gezielt nachzufragen. So gelingt es im entscheidenden Moment, unverzüglich und gleichzeitig treffsicher zu entscheiden.

Kurskorrekturen

Die Ursachen für berufliche Unzufriedenheit finden sich dort, wo Aufgaben der aktuellen Rolle nicht dem entsprechen, was du gut und gerne tust.

Oder aber die Bedingungen im aktuellen Umfeld stehen im Widerspruch zu deinen wichtigsten Bedürfnissen und Werten.

Das JobCockpit macht diese Abweichungen sichtbar. Damit entsteht nicht nur mehr Klarheit. Vor allem ergibt sich so die Chance, die aussichtsreichsten Ansatzpunkte für eine selbst gesteuerte Trendwende zum Besseren zu identifizieren.

Immer wenn du spürst, dass du von deinem Weg abzukommen drohst, den Überblick verlierst, die wirklich wichtigen Dinge aus den Augen verlierst, kannst du mit dem Cockpit auf die Suche nach Ursachen und vor allem gezielten Gegenmaßnahmen gehen.

Gebrauchsanleitung

Dein JobCockpit setzt sich aus vier Quadranten zusammen.

- Bedingungen, die deine Zufriedenheit schwächen

- Bedingungen, die deine Zufriedenheit stärken

- Aufgaben, die deine Zufriedenheit schwächen

- Aufgaben, die deine Zufriedenheit stärken

In den nächsten Abschnitten wirst du dort deine persönlich relevanten Kriterien und den jeweiligen aktuellen Stand festhalten.

Blätter dein Logbuch so um, dass zwei freie Seiten sichtbar sind. Übertrage die folgende Struktur. Auf dieses zentrale Modell wirst du immer wieder zurückkommen. Es lohnt sich also, dir die Zeit für eine Ausarbeitung zu nehmen, mit der du gerne arbeitest.

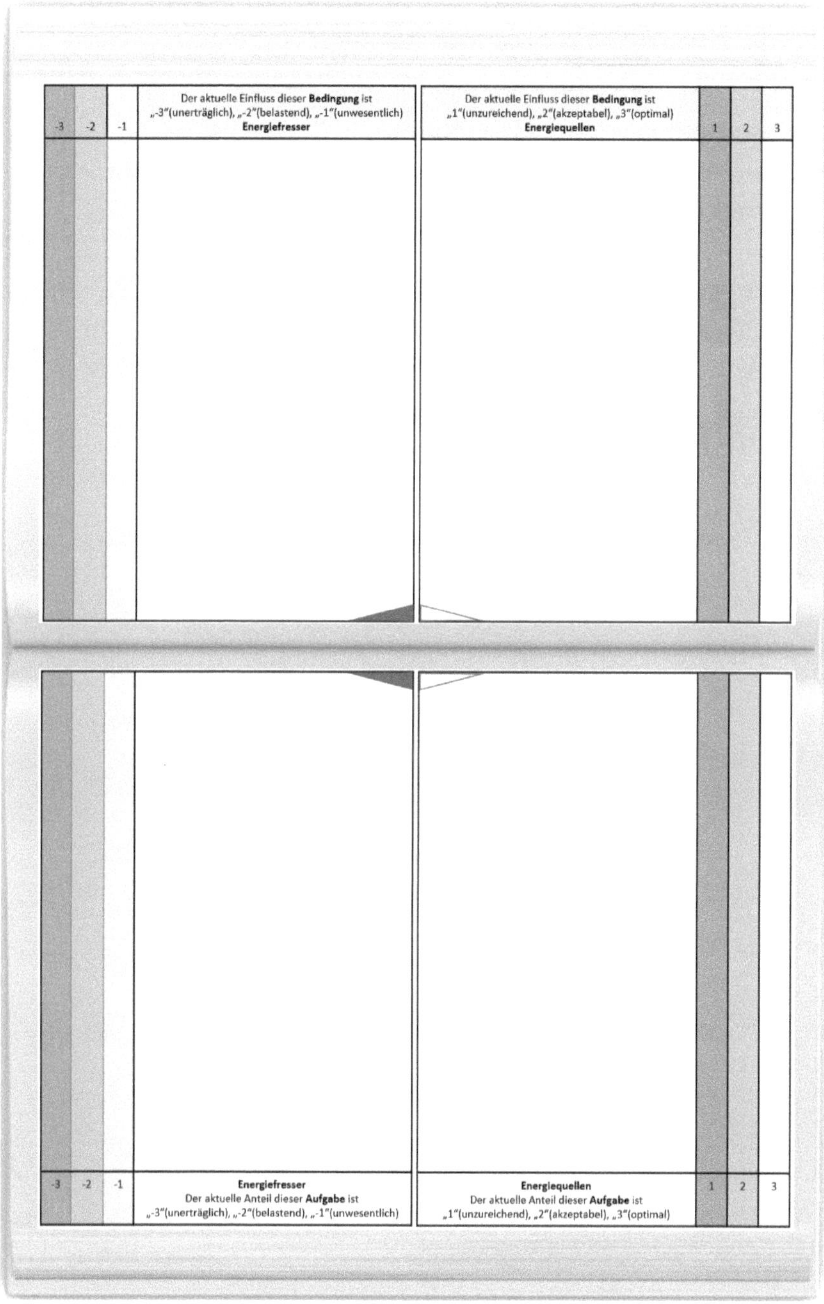

-3	-2	-1	Der aktuelle Einfluss dieser **Bedingung** ist „-3"(unerträglich), „-2"(belastend), „-1"(unwesentlich) **Energiefresser**	Der aktuelle Einfluss dieser **Bedingung** ist „1"(unzureichend), „2"(akzeptabel), „3"(optimal) **Energiequellen**	1	2	3

-3	-2	-1	**Energiefresser** Der aktuelle Anteil dieser **Aufgabe** ist „-3"(unerträglich), „-2"(belastend), „-1"(unwesentlich)	**Energiequellen** Der aktuelle Anteil dieser **Aufgabe** ist „1"(unzureichend), „2"(akzeptabel), „3"(optimal)	1	2	3

Abbildung 13: JobCockpit

Alternativ zum Logbuch kannst du die Seiten auf vier einzelne A4-Blätter übertragen und anschließend dort bearbeiten. Du hast dann mehr Platz. Die Seiten zusammen betrachtet ergeben am Ende das vollständige JobCockpit. Du kannst sie an geeigneter Stelle wie abgebildet aufhängen und hast so immer den Überblick darüber, wo du gerade stehst.

 Noch einmal der Hinweis: Die Vorlage für das JobCockpit sowie alle anderen Übungen kannst du dir auch als kostenloses PDF-Arbeitsbuch holen. *https://repplinger.com/logbuch*

3.2 JobCockpit: Bedingungen

Beginne mit den beiden oberen Seiten.

Abbildung 14: JobCockpit Bedingungen

Übung: Bedingungen-Inventar

Schreibe in der folgenden Übung jede identifizierte Bedingung in eine neue Zeile. Inhaltlich verwandte Begriffe kannst du in einer Zeile sammeln. Beispiele für solche Sammlungen siehst du in den Sprechblasen oben. Bedingungen, die sich wiederholen, schreibst du nur einmal auf.

Bedingungen, die deine Zufriedenheit schwächen

Deine **Energiefresser** kannst du vor allem in den belastenden Phasen und Situationen des Berufslebens entdecken.

Reflektiere als Erstes deine akute Unzufriedenheit und überlege, welche Bedingungen im Umfeld zu der unbefriedigenden Situation und Entwicklung beitragen.

Notiere auf dem linken Blatt in der Spalte der Energiefresser alle Aspekte, die dir in dem Zusammenhang einfallen.

Vergegenwärtige dir anschließend noch einmal deine bei der Spurensuche skizzierte Lebenslinie und berufliche Vergangenheit. Im Gegensatz zu den Highlights der Spurensuche achte auf die Situationen, in denen du ungewöhnlich unzufrieden warst.

Ergänze in deiner Liste noch nicht notierte Energiefresser, die dir in der konkreten Situation Zufriedenheit, Kraft und Motivation geraubt haben.

Überprüfe die oben von anderen genannten Energiefresser und entscheide, ob du einzelne Aspekte übersehen hast und übernehmen willst.

Schließlich geht es darum, zu verstehen, wie sehr sich die einzelnen Aspekte auf deine heutige Situation und Befindlichkeit auswirken. Vervollständige Zeile für Zeile den folgenden Satz so, dass er deinem aktuellen Empfinden entspricht.

Den gefühlten Einfluss dieser Bedingung auf meinen aktuellen Arbeitsalltag empfinde ich als

- *»-1«: unwesentlich*

- *»-2«: belastend*

- *»-3«: unerträglich*

Wenn dir in einzelnen Zeilen die spontane Einschätzung schwerfällt, dann versetze dich gedanklich in eine konkrete Situation aus den letzten Wochen oder auch Monaten, in der diese Bedingung eine Rolle gespielt hat. Lege dann intuitiv, ohne allzu langes Grübeln, die Ausprägung fest und markiere sie in der entsprechenden Spalte mit einem »**x**«.

Für Maria B., die Controllerin im mittelständischen Produktionsbetrieb, haben die ersten Zeilen ihres JobCockpits so ausgesehen:

-3	-2	-1	Der aktuelle Einfluss dieser **Bedingung** ist „-3"(unerträglich), „-2"(belastend), „-1"(unwesentlich) **Energiefresser**
X			Bevormundung, fehlende Handlungsfreiheit, Micromanagement
	X		Unaufrichtigkeit, Show
X			Langeweile, Unterforderung

Abbildung 15: Bedingungen Maria B.

Bedingungen, die deine Zufriedenheit stärken

Offensichtlich ist deine aktuelle berufliche Situation überwiegend von belastenden Einflüssen geprägt. Trotzdem wird es auch positive Aspekte geben. Lenke deine Aufmerksamkeit auf die Bedingungen, die dir gerade trotz aller Widrigkeiten Kraft geben und die in den letzten Monaten dazu beigetragen haben, dass du die Entwicklung bisher überstanden hast.

Notiere diese **Energiequellen** im JobCockpit rechts oben. Wieder kannst du Begriffe, die sich wiederholen, ignorieren und inhaltlich verwandte gruppieren.

In der Übung »Spurensuche« und der Aufarbeitung deiner Highlights hast du jeweils auch die folgende Frage beantwortet:

Welche Umfeldfaktoren oder Bedingungen haben dieses Erlebnis möglich gemacht? Was genau war für dich dabei besonders motivierend? Was hat am meisten Freude gemacht oder Begeisterung ausgelöst?

Rufe dir in Erinnerung, welche Bedingungen in der jeweiligen Situation deine Motivation und Tatkraft positiv beeinflusst haben. Überlege und entscheide für jeden identifizierten Aspekt, ob er auch heute noch und für die zukünftige berufliche Zufriedenheit wichtig ist. Falls ja, dann ergänze ihn in deiner Liste. Analysiere in dieser Form alle Highlights deiner Spurensuche.

Sieh dir anschließend noch einmal deine Energiefresser an und überlege, welche Bedingungen du dir jeweils stattdessen gewünscht hättest, um die Situation zu verbessern. Prüfe, ob diese Aspekte in der rechten Spalte schon auftauchen. Andernfalls notiere sie wie gehabt.

Als letzten Schritt zur vollständigen Liste lass noch einmal die oben von anderen genannten Energiequellen auf dich wirken und ergänze gegebenenfalls Begriffe, die noch fehlen und für dich auch wichtig sind.

Zum Verständnis deiner aktuellen Lage dokumentierst du wieder, welchen Einfluss die einzelnen Aspekte darauf haben. Bewerte Zeile für Zeile und markiere deine Entscheidung in einer der drei Spalten mit einem »**x**«.

Den gefühlten Einfluss dieser Bedingung auf meinen aktuellen Arbeitsalltag empfinde ich als

- *»+1«: unzureichend*

- *»+2«: akzeptabel*

- *»+3«: optimal*

3.3 JobCockpit: Aufgaben

Du verfügst jetzt über eine umfassende und detaillierte Aufstellung der Bedingungen, die für deine berufliche Zufriedenheit bisher wichtig waren und es voraussichtlich auch in der Zukunft sein werden.

Jetzt geht es in der gleichen Weise um die Auswertung der Aufgaben.

Abbildung 16: JobCockpit Aufgaben

Aufgaben, die deine Zufriedenheit schwächen

In deinem Inventar hast du Aufgaben markiert, die du »überhaupt nicht gerne« übernimmst (Spalte W = »-3«). Schreibe diese auf dem linken Blatt in die Spalte der Energiefresser, jeweils in eine eigene Zeile. Anschließend ergänze die Aufgaben, die du »nicht gerne« erfüllst (W = »-2«).

Bewerte und markiere im zweiten Schritt Zeile für Zeile den heutigen Status mit einem »x« in einer der drei linken Spalten entsprechend folgender Einschätzung:

Den gefühlten Anteil dieser Aufgabe in meinem aktuellen Arbeitsalltag empfinde ich als

- »-1«: *unwesentlich*

- »-2«: *belastend*

- »-3«: *unerträglich*

Aufgaben, die deine Zufriedenheit stärken

Beginne und übertrage in die rechte Spalte der Energiequellen die Aufgaben, die du »besonders gerne« übernimmst (W = »+3«). Darunter notiere diejenigen, die du »gerne« erfüllst (W = »+2«).

Bewerte und dokumentiere deine Einschätzung der heutigen Realität wieder mit einem »x« in einer der drei rechten Spalten entsprechend folgender Einschätzung:

Den gefühlten Anteil dieser Aufgabe in meinem aktuellen Arbeitsalltag empfinde ich als

- »+1«: *unzureichend*

- »+2«: *akzeptabel*

- »+3«: *optimal*

Umschalten

Du hast die Rückschau, Inventur und Analyse deines bisherigen Weges vorgenommen. Dieses Bild ist nie endgültig abgeschlossen.

Situationen, Bedingungen und Prioritäten sind ständig in Bewegung. Dein Aufgabenspektrum verändert sich. Du bemerkst Einflussgrößen, an die du vorher nicht gedacht hast.

Ergänze oder korrigiere ab sofort im JobCockpit jeden relevanten Aspekt, der dir neu auffällt und der eine spürbare positive oder negative Wirkung auf deine Zufriedenheit hat.

In den jetzt folgenden Kapiteln wird es darum gehen, den Blick nach vorne zu richten, vom Analysieren ins Planen, Entscheiden und Tun umzuschalten.

3.4 Weichenstellung

Bevor du dich auf den Weg in eine bessere Zukunft machst, steht erst einmal eine folgenreiche Entscheidung zwischen grundlegend verschiedenen Ansätzen an.

- Du entscheidest dich für den Abschied und Aufbruch in ein neues Unternehmensumfeld oder für den Start in eine Form der Selbstständigkeit.

- Du entschließt dich, erst einmal der heutigen Aufgabe eine Chance zu geben und im bestehenden Umfeld durchzustarten.

Von deiner Wahl werden die nächsten Schritte entscheidend bestimmt.

Gehen

Diese Entscheidung muss nicht zwangsläufig bedeuten, dass du sofort einen neuen Arbeitgeber suchen und finden musst. Wenn du in einem größeren Unternehmen arbeitest, dann kann es Sinn machen, auch bisher unbekannte und unbelastete interne Bereiche in die Suche mit einzubeziehen. Die Vorgehensweise bei externer oder interner Neupositionierung hat viele Gemeinsamkeiten.

Meistens ist es weder notwendig noch sinnvoll, überhastet unwiderrufliche Fakten zu schaffen. In vielen Fällen ist es klüger, die nicht zufriedenstellende Situation noch eine Weile zu erdulden.

Die Zeit nutzt du für die Planung und Vorbereitung eines selbst gesteuerten und tatsächlich lohnenswerten Aufbruchs und Neustarts in einem neuen Umfeld.

Oder aber du prüfst und konkretisierst Ideen und Pläne für eine Existenzgründung.

Bleiben

Mit der Entscheidung dafür, eine Trendwende beim jetzigen Arbeitgeber einzuleiten, bindest du dich natürlich nicht für ewig. Wenn die regelmäßige Aktualisierung deines JobCockpits trotz deiner Ansätze und Aktivitäten keine deutliche und nachhaltige Verbesserung dokumentiert, steht dir immer offen, auf »Gehen« umzuschalten.

Für den Moment ist es aber elementar wichtig, deiner Entscheidung für das Durchstarten im heutigen Umfeld eine echte Chance zu geben und mit einem Vorschuss an Optimismus und Zuversicht loszulegen.

Hin- und hergerissen

Bist du in der Lage, dich zweifelsfrei zwischen der internen oder externen Option zu entscheiden? Bestens. Dann kannst du den Rest dieses Kapitels überspringen.

Oder fällt es dir schwer, eine spontane und restlos überzeugte Entscheidung zu treffen? Sowohl für das Bleiben als auch für das Gehen gibt es gute Argumente. Abhängig von Tagesform und aktuellen Ereignissen bist du zwischen beiden Optionen hin- und hergerissen.

Einerseits klingt die Vorstellung eines Aufbruchs und Neustarts in einem frischen Umfeld, ohne Altlasten und mit spannenden neuen Aufgaben aufregend und verlockend. Andererseits ist dir klar, dass »neu« nicht automatisch und immer auch gleichbedeutend mit »besser« ist.

Wenn du andere Menschen ins Vertrauen ziehst, dann hörst du überzeugende Plädoyers sowohl für die eine als auch für die andere Option.

In der Summe siehst du dich jedenfalls heute nicht in der Lage, eine eindeutige Entscheidung zu treffen.

Entscheiden

Eine leichtfertige oder überhastete Entscheidung ist an der Stelle genauso wenig angebracht wie das ständige neue Hinterfragen.

Jede Entscheidung für eine Option schließt gleichzeitig andere Möglichkeiten aus. Jeder Entschluss bringt neben den erwarteten Vorteilen die Notwendigkeit mit sich, auch auf lieb gewonnene Aspekte zu verzichten.

Mache dir deshalb klar, dass es bei dieser Wahl keine 100 Prozent »richtige« oder »falsche« Entscheidung gibt.

Wenn sich der Entschluss für eine Variante festigt, dann nutze die Chance, deinen Weg selbst zu gestalten, und entscheide, bevor das andere oder der Zufall für dich übernehmen.

Im Zweifel

Falls du dich dauerhaft im Kreis drehst, dann lautet meine Empfehlung: Starte erst einmal konsequent damit, deine Situation im jetzigen Umfeld zu verbessern.

Die Entscheidung zur Trennung kannst du jederzeit treffen und umsetzen. Zu revidieren ist sie ab einem gewissen Punkt kaum noch.

Darüber hinaus gibt es im Zweifel weitere gute Argumente für diese Reihenfolge.

Eine Trennung mag erst einmal einen schnelleren und klareren Ausweg und Neustart in Aussicht stellen. Der Weg bewahrt dich aber nicht vor dem Risiko, in absehbarer Zeit mit den gleichen oder ähnlichen Herausforderungen konfrontiert zu werden. In diesem Sinne sind die heutigen Probleme auch Lernchancen. Sie bieten dir die Möglichkeit, diese Baustellen aus eigener Kraft zu bearbeiten und dauerhaft zu schließen.

Die offensive Auseinandersetzung mit den Widrigkeiten hat das Potenzial, über die Lösung der akuten quälenden Situation hinaus unabhängiger von äußeren Umständen und anderen Menschen zu werden und persönlich zu wachsen.

Wenn du dich dafür entscheidest, zu bleiben und im heutigen Umfeld durchzustarten, kannst du das folgende Kapitel und die Umsetzung der Trennungs-Option vorerst überspringen. Bei Bedarf oder Interesse kannst du jederzeit darauf zurückkommen.

Falls die Zeichen auf Abschied stehen und du dich für den frischen Start in einem neuen Umfeld entschieden hast, erfährst du im nächsten Kapitel, wie du diesen Aufbruch mithilfe deines Job-Cockpits Schritt für Schritt navigierst und gestaltest.

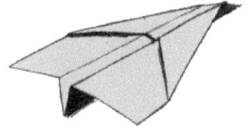

4. GEHEN: FRISCHER START IN NEUER ROLLE

Du hast dich dazu entschlossen, das jetzige Umfeld zu verlassen und in Richtung einer frischen und begeisternden Perspektive aufzubrechen. Es ist nachvollziehbar, wenn du jetzt möglichst schnell Tatsachen schaffen willst.

Schnell weg von hier.

Tatsächlich in deinem Interesse ist die möglichst schnelle Umsetzung dann, wenn jeder Tag länger im Umfeld zu nicht tolerierbaren und irreparablen Schäden führen würde.

In vielen anderen Konstellationen macht es allerdings Sinn, noch eine Weile auszuhalten. Dich nicht treiben zu lassen von den Umständen, sondern selbst die Umstände zu gestalten.

Im Wissen um das absehbare Ende des Elends fällt es vielleicht etwas weniger schwer, dich noch etwas zu gedulden. Die gewonnene Übergangszeit nutzt du, um

- die Neupositionierung strategisch vorzubereiten,

- die notwendigen Aktivitäten und Schritte einzuleiten und umzusetzen,

- einen möglichst reibungslosen Ausstieg und Neustart sicherzustellen.

Diese Aspekte der selbst gesteuerten Neupositionierung bieten mehr als ausreichend Stoff, um mit Tipps und Ratschlägen ein eigenes Buch zu füllen. Das belegen die Ratgeberbücher, die bei der erfolgreichen Bewerbung unterstützen und die in Buchläden ganze Regale füllen. Eine Amazon-Recherche bringt für den Suchbegriff »Bewerbung« im Moment mehr als 70.000 Ergebnisse.

Die folgenden Kapitel können und sollen auf wenigen Seiten dieses umfangreiche und vielfältige Wissen nicht vollständig abbilden. Stattdessen erhältst du Informationen über grundlegende Hintergründe, zielführende Strategien und effektive Aktivitäten für deinen Weg in die zufriedenere berufliche Zukunft.

Vor allem wirst du erfahren, wie du die Kernelemente, Ergebnisse und Erkenntnisse deines JobCockpits nutzt, um diesen Prozess gezielter, überzeugender und am Ende erfolgreich zu gestalten.

4.1 Den Arbeitsmarkt verstehen

Märkte funktionieren nach simplen Prinzipien. Angebot trifft Nachfrage. Zwei Parteien versprechen sich einen Vorteil davon, ins Geschäft zu kommen. Der Arbeitsmarkt folgt den gleichen Regeln.

- Ein Unternehmen hat ein aktuelles, ungelöstes Problem, einen unbefriedigten Bedarf, eine nicht besetzte Vakanz. Nur deshalb und nur dann sucht es nach dem Menschen, der dieses Problem löst. Im Tausch für die Leistung wirbt es mit Gehalt und attraktiven Bedingungen um die besten Kandidaten.

- Ein Mensch hat Bedürfnisse und Ziele und ist auf der Suche nach einem Unternehmen und Umfeld, das möglichst viele dieser Bedingungen erfüllt. Im Gegenzug bringt er seine Talente, Fähigkeiten und Erfahrungen ein, um in der gefragten Aufgabe einen wertvollen Beitrag zu leisten.

Nur wenn Angebot und Nachfrage wechselseitig passen, kann sich ein »gutes Geschäft« und die häufig zitierte »Win-win-Situation« für alle Beteiligten einstellen.

Voraussetzung dafür ist allerdings, dass beide Seiten ein möglichst klares Bild davon haben, was sie brauchen und was sie im Gegenzug bereit sind, zu bieten. Klingt simpel. Ist es in der Theorie auch. In der Praxis gibt es zahllose Steine, über die munter gestolpert wird.

Zum Beispiel wird aus unterschiedlichsten Gründen, von beiden Seiten, eben nicht deutlich formuliert, was genau die eigenen Angebote und Bedürfnisse sind. Die anschließende Suche wird unscharf, liefert zu viele oder die falschen Ergebnisse. Daraus ergibt sich ein hohes Risiko, dass die Identifikation des optimalen Partners nicht gelingt und mit einer weniger guten Lösung vorliebgenommen wird.

Bei der Passung wird nicht so genau hingesehen. Wenn es dann anschließend knirscht und klemmt, fühlen sich alle Beteiligten getäuscht und enttäuscht.

Der richtige Moment zum Einstieg in die schrittweise Annäherung wird versäumt. Falls später deutlich wird, wie gut beide Seiten zueinander gepasst hätten, ist es zu spät. Die Position ist besetzt, nicht optimal, zum Nachteil für alle Parteien.

Beim Annähern kann also vieles schieflaufen, aber eben auch richtig gemacht werden.

Du hast keinen Einfluss darauf, wie das Unternehmen und seine Vertreter mit diesen Chancen und Risiken umgehen.

In deiner Hand und in deiner Verantwortung liegt es hingegen, selbst das Beste aus der Situation zu machen.

In den folgenden Kapiteln wirst du feststellen, dass dein JobCockpit für die Vorbereitung beste Voraussetzungen zur Verfügung stellt und dir anschließend in der Umsetzung wertvolle Hinweise und Wettbewerbsvorteile liefert.

Die Spitze des Eisberges

Meinen ersten Arbeitsplatz habe ich über eine Stellenanzeige in einer Zeitung gefunden. So war das damals, 1998. Eine Beilage in der Samstagszeitung, mehr oder weniger dick, abhängig von der Lage am Arbeitsmarkt.

Statt auf Papier werden Vakanzen heute größtenteils online veröffentlicht, in internen oder frei zugänglichen Stellenbörsen der Unternehmen oder über soziale Plattformen wie Xing und LinkedIn.

Das Medium hat sich geändert. Das Prinzip ist gleich geblieben. Ein Unternehmen will eine freie oder demnächst frei werdende Position besetzen. Die relevanten Daten werden in der Hoffnung veröffentlicht, dass die richtigen Interessenten diese entdecken und attraktiv genug finden, um sich darauf zu bewerben.

Unverändert ist auch die Tatsache, dass über diesen sogenannten »offenen Arbeitsmarkt« nur ein Teil der freien Positionen besetzt wird. Wie bei der gerne benutzten Metapher vom Eisberg gibt es auch hier neben der sichtbaren Spitze einen Teil unter der Oberfläche, der erheblich größer und gleichzeitig erheblich schwerer zu erfassen ist.

Das verdeckte Potenzial

Viele freie Stellen werden nie veröffentlicht. Sie werden offensichtlich trotzdem und auf anderen Wegen besetzt. So wie beim Eisberg ist auch im Markt der zu besetzenden Positionen dieser unsichtbare Anteil tatsächlich erheblich umfangreicher als die sichtbare Spitze.

Für die Existenz dieses »verdeckten Arbeitsmarktes« gibt es eine Reihe plausibler Gründe.

Auf Anzeigen bewerben sich möglicherweise sehr viele Interessenten und nicht immer die, die man erreichen will. Der folgende Auswahlprozess ist aufwendig und langwierig. Der Weg birgt zusätzlich das Risiko, dass die Falschen aussortiert werden. Es kommt auch vor, dass das Unternehmen ein Interesse daran hat, die Besetzung vertraulich zu behandeln und deshalb nicht zu veröffentlichen.

Das Verhältnis von veröffentlichten zu anderweitig gefüllten Vakanzen wird auf der Ebene von Leistungsträgern und Führungskräften durch unterschiedlichste Studien übereinstimmend eingeschätzt: Nur 20 bis 30 Prozent der Positionen werden über den offenen Markt besetzt. 70 bis 80 Prozent der Vakanzen tauchen dort nie auf.

Die Besetzung kommt dann für nicht Eingeweihte überraschend, die Entwicklung erscheint rätselhaft.

Weiter verstärkt wird die Relevanz des verdeckten Arbeitsmarktes durch die Tatsache, dass sich die überwiegende Mehrzahl der Suchenden auf den offenen Markt konzentriert und damit auf drei Viertel ihrer Chancen verzichtet.

Diese Erkenntnisse sind nicht neu. Aus Unwissenheit, Ignoranz oder Bequemlichkeit verzichtet die Mehrzahl der Suchenden trotzdem auf dieses Potenzial.

Bei der Beantwortung einer Stellenanzeige mit einer Bewerbung haben die meisten schon Erfahrungen gesammelt, zumindest beim Berufseinstieg. Die Vorgehensweise ist vielfach beschrieben und nicht sehr kompliziert.

Im verdeckten Arbeitsmarkt ist die aktive Jobsuche erheblich anspruchsvoller. Natürlich kann es passieren, dass du zufällig auf die Liste eines suchenden Unternehmens kommst. Wenn du deine Erfolgsaussichten aber nicht ausschließlich dem Zufall überlassen willst, dann ist es möglich und ratsam, die Wahrscheinlichkeit, vom richtigen Unternehmen gefunden zu werden, Schritt für Schritt zu steigern.

Der Weg dorthin ist mühsamer als im offenen Markt, weil du nicht vom komfortablen Einstiegspunkt einer Stellenanzeige ausgehen kannst. Stattdessen steht an erster Stelle die intensive Beschäftigung mit dir selbst, mit deinen Bedürfnissen und Zielen.

Diese unumgängliche Voraussetzung für die Bearbeitung des verdeckten Arbeitsmarktes lässt viele Jobsuchende davor zurückschrecken. Du hast mit deinem JobCockpit und den zugrundeliegenden Detailinformationen einen erheblichen Teil dieser Arbeit bereits geleistet. Deshalb macht es umso mehr Sinn, dass du diese Chancen nutzt, ohne dabei den üblichen Weg zu vernachlässigen.

Der interne Markt

Die bisherigen Informationen und die folgenden Hinweise gelten nicht nur für die Neupositionierung außerhalb deines heutigen Unternehmens. Diese Strategien sind, mit wenigen Einschränkungen und Anpassungen, auch auf die aktive und selbst gesteuerte Veränderung innerhalb des Unternehmens übertragbar.

Intern angebotene Positionen werden ebenfalls häufig nicht über Ausschreibungen, sondern auf anderem Weg besetzt.

Auch dort reicht immer häufiger die kollegiale und formlose Kontaktaufnahme nicht mehr aus. Stattdessen wird sowohl schriftlich als auch persönlich ein professioneller und überzeugender Auftritt erwartet.

Dein JobCockpit leistet wertvolle Dienste bei der Neupositionierung – unabhängig davon, ob du dich erst mal auf interne Optionen konzentrierst oder gleich den Wechsel zu einem neuen Unternehmen anstrebst.

In den nächsten zwei Kapiteln erfährst du, wie du

- im offenen Arbeitsmarkt geschickter und erfolgreicher suchst,

- im verdeckten Arbeitsmarkt von den richtigen Unternehmen zur rechten Zeit gefunden wirst.

4.2 Systematisch suchen

Suchende Unternehmen veröffentlichen ihre Vakanzen an unterschiedlichen Stellen. Die wichtigsten sind:

- Externe und interne Jobbörsen

- Soziale Netzwerke

- Plattform der Arbeitsagentur

- Firmeneigene Homepages

Die Stellenanzeigen enthalten neben oft oberflächlichen Textbausteinen und mehr oder weniger geschickter Eigenwerbung die folgenden entscheidenden Informationsblöcke:

- Wir sind (Unternehmensbeschreibung) und suchen Sie als (Jobtitel)

- Unser Bedarf, was wir von Ihnen erwarten: Aufgaben

- Unser Angebot, was wir Ihnen bieten: Bedingungen

Jobtitel, Aufgaben und Bedingungen sind zentrale Bestandteile der Beschreibung. Der Bezug zum JobCockpit ist unschwer erkennbar.

Konzentriere deine Suche auf Angebote, in denen

- die Aufgaben, die du mit besonderer Begeisterung und Kompetenz übernimmst, den Schlüssel zur Lösung des akuten Bedarfes bilden,

- die angebotenen Bedingungen, ergänzt durch die Informationen, die du hast oder in der Folgezeit recherchierst, deine wichtigsten Bedürfnisse erfüllen und Ziele fördern.

Nutze konsequent dein JobCockpit, um deine Suche entsprechend zu optimieren. Verwende dabei zentrale Formulierungen aus deinen präferierten Aufgaben und gewünschten Umfeldbedingungen.

Sei mutig. Suche nach den Aufgaben, die dich wirklich begeistern. Widerstehe der Versuchung, die Aktivitäten einzusetzen, die du zum Abwinken beherrschst, auf die du aber keine Lust mehr hast.

Gestatte dir den Luxus, deine Bedingungen vorzugeben. Wenn dir mehr Zeit mit der Familie wichtig ist und ein Umzug nicht infrage kommt, dann wird eine Bewerbung ins ferne Ausland wenig Sinn machen.

Im ersten Schritt wirst du voraussichtlich nicht alle Aufgaben und Bedingungen klären können. Die ungewissen Aspekte gilt es dann in den folgenden Begegnungen herauszufinden.

Achte bei deiner Suche auch auf alternative Begriffe, die Unternehmen bei der Beschreibung verwenden. Ergänze und optimiere damit deine Abfragen. Immer wenn du auf zusätzliche attraktive Aufgaben oder alternative Formulierungen triffst, die dich ansprechen, dann vervollständige dein JobCockpit entsprechend. So wächst es, wird vielfältiger und vollständiger.

4.3 Zuverlässig gefunden werden

Die Mehrzahl freier Stellen wird also nie veröffentlicht, sondern im verdeckten Arbeitsmarkt besetzt, vor der Öffentlichkeit verborgen. Du willst dieses Potenzial nutzen und dich dabei nicht auf den Zufall verlassen? Dann solltest du die Wege kennen und nutzen, auf denen diese Positionen besetzt werden.

Vereinfacht zusammengefasst: Unternehmen gehen selbst aktiv auf die Suche. Oder aber sie veranlassen andere, zu suchen und Empfehlungen zurückzumelden.

Mit deinem Cockpit bist du bestens darauf vorbereitet, beide Kanäle zu bedienen.

Unternehmen suchen selbst: Soziale Plattformen

Nein, Facebook ist nicht gemeint, wenn ich in diesem Zusammenhang über »Soziale Plattformen« spreche. Stattdessen sind in den letzten Jahren LinkedIn und Xing exponentiell gewachsen. Sie haben sich als »Facebook für Berufstätige« etabliert, sowohl in Deutschland als auch international.

Nutzer veröffentlichen dort, mehr oder weniger aktiv, freizügig und geschickt, vielfältige Informationen über sich. Im Vordergrund steht der berufliche Kontext. Die letzten Party-Impressionen finden sich seltener. Stattdessen aber zum Beispiel aussagekräftige Kontaktdaten, Qualifikationen und berufliche Hintergründe.

Der größte Unterschied zwischen LinkedIn und Xing ist die geografische Ausrichtung. Während LinkedIn eine globale Plattform ist, konzentriert sich Xing auf den deutschsprachigen Raum. 2020 verzeichnete Xing dort 17,5 Millionen Nutzer, LinkedIn 14,5. Weltweit allerdings hat LinkedIn mit 645 Millionen die Nase weit vorn.

Unternehmen, die dieses Potenzial in der Besetzung freier Stellen ungenutzt lassen, könnte man Fahrlässigkeit vorwerfen. Allerdings passiert das inzwischen so gut wie nicht mehr. Immer selbstverständlicher wird die Chance ausgeschöpft, vielversprechende Kandidaten unkompliziert und direkt zu suchen und anzuschreiben.

Für Jobsuchende gilt angesichts dieser Entwicklung genauso: Dieses Potenzial aufgrund von Unwissen, Bequemlichkeit oder auch fehlender Bereitschaft zur Veröffentlichung nicht bestmöglich auszuschöpfen, ist leichtfertig. Die aktive Nutzung dieses Kanales erhöht die Chancen auf eine bestmögliche neue Positionierung erheblich.

Wenn du dich dazu entschließt, die Möglichkeiten von LinkedIn und Xing zu nutzen, dann kannst du dich schnell und effektiv aus der Masse abheben.

Präsentiere zusätzlich zu korrekten und aktuellen Kontaktdaten, Profilbild und Stationen des beruflichen Werdeganges konsequent die Daten deines JobCockpits.

Rekruter wissen, welche Aufgaben und Kompetenzen ein optimaler Kandidat abdecken soll. In der Suche sind sie oft darauf angewiesen, auf der Basis von Lebenslaufdaten und Positionsbezeichnungen eine unsichere Prognose zu stellen, ob ein Kandidat zur Position passen könnte. Du schaffst dir einen gravierenden Wettbewerbsvorteil, wenn du einen Teil dieser Arbeit abnimmst und deine angestrebten Aufgaben klar herausstellst (Xing:»Fähigkeiten und Kenntnisse«; LinkedIn:»Skills« und»Accomplishments«).

Wenn ein geeigneter Kandidat mit den gesuchten Fähigkeiten identifiziert ist, geht es im zweiten Schritt um die Klärung, ob das Angebot des Unternehmens den Vorstellungen des Kandidaten so weit entspricht, dass die Aufnahme von Gesprächen Sinn macht. Für Rekruter ist das eine aufwendige und häufig auch frustrierende Arbeit. Auch hier kannst du dich differenzieren und für alle Beteiligten Zeit und Aufwand sparen, indem du deine wichtigsten Bedingungen klar und selbstbewusst formulierst (Xing:»Ich suche«; LinkedIn:»About Me«).

Unternehmen lassen suchen: Empfehlungen generieren

Das Nürnberger Institut für Arbeitsmarkt- und Berufsforschung (IAB) hat festgestellt, dass die Einbindung von eigenen Mitarbeitern und weiteren persönlichen Kontakten der am häufigsten genannte Weg war, auf dem Unternehmen freie Positionen besetzen.

Siemens hat dazu unter dem Titel»Mitarbeiter werben Mitarbeiter« sogar eine Rahmenvereinbarung getroffen. Darin heißt es: »Da unsere Mitarbeiter sehr gut einschätzen können, wer kulturell und fachlich zu Siemens passt, schätzen wir diese Vorschläge und honorieren sie im Fall einer erfolgreichen Einstellung.«[8]

Ähnlich wie Siemens fordern immer mehr Arbeitgeber mit unterschiedlichen»Tippgeberprogrammen« offensiv dazu auf, sich umzuhören und Kontakte zu interessanten und interessierten Kandidaten herzustellen. Aktuelle und ehemalige Mitarbeiter spielen dabei eine zentrale Rolle. Lieferanten, Partner, Berater und ähnliche Kontakte mit Unternehmenskenntnis werden ebenfalls in die Suche eingebunden.

Die Vorgehensweise bringt allen Beteiligten gravierende Vorteile.

Unternehmen schätzen die fundierten Hinweise und die Qualität des Kontaktes.

Empfehlende sichern sich zumindest den immateriellen und immer häufiger auch finanziellen Dank der Parteien.

Für die Empfohlenen ergibt sich dadurch nicht nur eine zusätzliche Option, die ansonsten übersehen worden wäre. Die Empfehlung von jemandem, der beide Seiten kennt, erhöht auch erheblich die Aussicht darauf, einen für alle kostspieligen und schmerzhaften Fehlgriff zu vermeiden.

Stell dir ein Unternehmen vor, das demnächst deinen Traumjob zu besetzen hat. In der Hoffnung auf geeignete Hinweise informiert der verantwortliche Stelleninhaber Mitarbeiter und Kollegen und ermutigt dazu, Empfehlungen auszusprechen. Ein Tipp aus diesem Kreis ist wertvoll. Dahinter steht eine persönliche Referenz, die die Empfehlende mit ihrem »guten Namen« bestätigt. Die Glaubwürdigkeit ist immens.

Diese Chance wirst du nur dann nutzen können, wenn bei den entscheidenden Menschen die Botschaft ankommt, dass du

- gesprächsbereit bist,

- die erfolgskritischen Aufgaben der Position gerne und gut meistern kannst,

- ein Umfeld und Bedingungen suchst, wie sie dieses Unternehmen bietet.

Du kannst es bei der Hoffnung belassen, dass das zufällig passiert und dass das Glück dir in dieser Lotterie irgendwann auch mal einen Gewinn zuspielt. Es kann tatsächlich ohne dein Zutun der Glücksfall eintreten, dass ein guter Bekannter oder ehemaliger Kollege zufällig angesprochen wird und dich beim neuen Arbeitgeber empfiehlt. Genauso ist es auch nicht ausgeschlossen, in einer Lotterie das große Los zu ziehen. Sehr wahrscheinlich ist das allerdings nicht.

Glücklicherweise hast du eine Alternative zum passiven Abwarten und Daumendrücken. Mit der richtigen Strategie kannst du diesen Zufall Schritt für Schritt wahrscheinlicher machen. Dafür gibt es zwei Voraussetzungen, die gleichzeitig entscheidende Gründe dafür sind, dass so viele »Mitbewerber« im Arbeitsmarkt diesen Weg scheuen.

Um die Chance auf passende Empfehlungen zu nutzen, gilt es,

- klar und überzeugend formulieren zu können, was du kannst und was du willst,

- diese Botschaft effektiv und selbstbewusst zu verbreiten.

Auf den ersten Punkt bist du bestens vorbereitet. Die entscheidenden Stichworte hast du in deinem JobCockpit zusammengetragen und dir damit einen bedeutenden Vorsprung erarbeitet. Die Botschaft steht also.

Bleibt die Frage, an wen und wie du sie optimal verbreiten kannst.

Insbesondere Berufstätige hören von Vakanzen. Und sie geben diese Information an Bekannte weiter. Entsprechend kann tatsächlich jede und jeder als potenzieller Tippgeber infrage kommen. Du hast also eine riesige Auswahl.

Für den Fall, dass dir die Ideen ausgehen, hier einige Denkanstö-ße: Vorgesetzte und Kollegen, auch ehemalige. Lieferanten. Pro-jektmitarbeiter. Kunden. Tagungsgäste. Referenten. Vereinsmit-glieder. Nachbarn. Bekannte. Etc.

Oft sind es nicht die direkten Kontakte, die auf diesem Weg zum Erfolg führen. Meist sind es Bekannte von Bekannten, sogenannte »Sekundär-« oder »Tertiärkontakte«, die entscheidende Hinweise geben. Die wird es aber nur dann geben, wenn du dafür sorgst, dass ausreichend Primärkontakte die Steine ins Rollen bringen.

Trotz des unschätzbaren Potenzials scheuen selbst Menschen mit ausgeprägtem Netzwerk häufig davor zurück, dieses offensiv in der Neupositionierung zu nutzen.

Dieser scheinbare Widerspruch wird nachvollziehbar, wenn man weiß, welche Vorstellung mit dieser Situation verbunden wird.

Niemand erscheint gerne als Bittsteller, der aus geschwächter Position heraus fragt: »Haben Sie vielleicht eine Arbeit für mich?« Diese Herangehensweise ist nicht nur unangenehm, sie ist auch nicht hilfreich.

Sogenannte »geschlossene Fragen« wie diese haben nur zwei mögliche Antworten: »Ja« oder »Nein«. Die wenigsten Kontakte werden in der Lage sein, genau in diesem Moment deine Traum-position direkt zu vergeben. Die Wahrscheinlichkeit, sich ein »Nein« abzuholen, ist entsprechend überwältigend.

Für dich als »Bittsteller« ist ein Nein mit einem hohen Frustrations-potenzial verbunden. Das gerade in dieser Situation wichtige Selbstvertrauen wird mit jedem zusätzlichen Nein stärker an-gekratzt. Darüber hinaus besteht das Risiko, dass bisher gute Beziehungen nachhaltig beschädigt werden.

Auch für deine Ansprechpartner ist die Situation belastend. Sie fühlen sich dazu gedrängt, auszuweichen, dich zu vertrösten oder zu enttäuschen. Dies ist den meisten Menschen eher unangenehm. Eine nachvollziehbare Reaktion ist es dann, den Auslöser (dich und dein Anliegen) zu verdrängen. Das ist das Gegenteil von dem, was du erreichen willst. Stattdessen besteht dein Ziel darin, Multiplikatoren so zu aktivieren, dass sie

- deine Botschaft (was kann ich, was will ich) engagiert in den Markt tragen,

- die Wahrscheinlichkeit, dass du rechtzeitig von passenden Optionen erfährst, entscheidend vergrößern,

- dir darüber hinaus wertvolle zusätzliche Informationen und Kontakte liefern.

Menschen helfen im Grunde gerne, wenn sie können. Die meisten jedenfalls. Vorausgesetzt, der Aufwand ist begrenzt und es entstehen keine festen Verpflichtungen.

Daraus leitet sich die Erfolg versprechendste Vorgehensweise ab. Stelle nicht die direkte und geschlossene Frage nach einem Job. Falls der Zufall eintritt und deine Ansprechpartnerin tatsächlich deinen Traumjob zu vergeben hat, sollte es nach dem Gespräch nicht mehr notwendig sein, danach zu fragen.

Bitte stattdessen um Zeit und Rat. Die wird man dir häufig gerne geben.

Belaste deine Kontaktpersonen nicht ungefragt mit detaillierten Hintergründen und Emotionen. Kommuniziere sachlich und selbstbewusst die relevanten Informationen und dein Anliegen.

Die Aufgaben, Kompetenzen und Erfahrungen, die du anbietest. Die Bedingungen und Rollen, die du suchst.

Frage nach offenem Feedback dazu. Danach, ob deinem Gesprächspartner zu deinen Gedanken und Plänen etwas auf- oder einfällt. Sehr oft erhältst du an dieser Stelle unerwartete und wertvolle Hinweise, zu deinem Auftritt, zum Profil, zum aktuellen Marktgeschehen und relevanten Ansprechpartnern.

Bitte um ein offenes Ohr im Markt und darum, dich gegebenenfalls zu informieren. Damit fühlt sich kaum jemand überfordert oder belästigt. Für die meisten Menschen ist es im Gegenteil schmeichelhaft, wenn ihre Expertise wertgeschätzt und gefragt wird.

Ein abschließendes aufrichtiges »Danke« verstärkt den positiven Eindruck. Und damit die Chance, dass deine Nachricht auf fruchtbaren Boden fällt, im richtigen Moment platziert wird und du rechtzeitig von attraktiven Optionen erfährst.

Personalberater suchen: Doppelter Nutzen

Personalberater werden von Unternehmen beauftragt und bezahlt, die eine Vakanz zu besetzen haben und die diese Aufgabe nicht selbst abwickeln wollen. Die Firma gibt ein Anforderungsprofil vor, der Berater sucht geeignete Kandidaten und stellt sie beim Kunden vor.

Der Weg bis dorthin war in der Vergangenheit sehr aufwendig. Umfangreiche Recherchen. Zahllose Anrufe, Vorgespräche, Absagen.

Die Vorgehensweise von Personalberatern hat sich in den letzten Jahren stark verändert. Das bestätigt beispielhaft ein Beitrag in heise online (2019)[9]:

> *Moderne Headhunter rufen nicht mehr direkt beim Zielobjekt an. Sie verwenden bereits bestehende Kontakte und sprechen ihre Zielperson über Social Media an. Wir nutzen unser Netzwerk als Multiplikator, das ist unsere schärfste Waffe. ... Wir sind datengetriebene Netzwerker, bei denen Software und Personalberatung verschmelzen.*

Übersetzt heißt das, dass Personalberater ihre Arbeit nach den gleichen Prinzipien optimiert haben, auf die auch die internen Rekruter in Unternehmen setzen. Sie bitten ihre existierenden Kontakte im Markt um Empfehlungen. Parallel durchforsten sie konsequent und mit modernster Technologie die Informationen, die Social-Media-Plattformen (also LinkedIn und Xing) zur Verfügung stellen.

Für dich ergibt sich dadurch eine komfortable Konsequenz und ein doppelter Nutzen.

Die gezielte Pflege deiner Daten in Xing und LinkedIn sowie die Aktivierung von Menschen, die für dich als Botschafter in den Markt lauschen, versetzt dich nicht nur in den Fokus von suchenden Unternehmen.

Du schaffst damit zusätzlich beste Voraussetzungen dafür, von Personalberatern mit entsprechenden Suchaufträgen gefunden zu werden.

4.4 Überzeugend auftreten

Im Verlaufe der Neupositionierung wirst du dich wiederholt vorstellen und präsentieren, sowohl schriftlich als auch mündlich. Das gilt für den offenen Arbeitsmarkt genauso wie für den verdeckten, für die externe Orientierung und für die interne.

Wie so oft im Marketing ist die Verpackung auch bei der Jobsuche unbestritten wichtig. Entsprechend viel Zeit und Aufwand wird in das attraktive Layout von Unterlagen und die persönliche Vorstellung investiert.

Manchmal gelingt es mit einem geschickt eintrainierten, aber realitätsfernen Auftritt tatsächlich, erhebliche inhaltliche Defizite zu übertünchen. Die Freude über eine Zusage auf dieser irreführenden Grundlage ist in aller Regel kurzlebig. Wenn die Realität im Arbeitsalltag die Fehlentscheidung schonungslos bloßstellt, sind die Folgen für alle Beteiligten ärgerlich, kostspielig und belastend.

Entscheidend dafür, ob sich zwei Parteien am Ende tatsächlich einigen und sich für einen gemeinsamen beruflichen Aufbruch entscheiden, sollten deshalb nicht die oberflächlichen Äußerlichkeiten sein. Stattdessen sichern stimmige und überzeugende Inhalte als Basis der Entscheidung die bestmöglichen Chancen auf eine nachhaltig erfolgreiche und bereichernde Zusammenarbeit.

Du weißt, was du kannst. Und du weißt, was du willst.

Dieses Bild ist stimmig, weil du viel Zeit und Energie investiert hast, um die Facetten offenzulegen und in deinem JobCockpit zu dokumentieren.

Überzeugend ist es, weil du weißt, wie du auf diese Schlagworte gekommen bist. Spätestens auf Nachfrage bist du in der Lage, die ersten Ausführungen mit realen Beispielen zu belegen.

Du hast erlebt, dass es eine anspruchsvolle Aufgabe ist, zu diesem klaren Bild zu kommen. Bequemer ist es, sich mit Offensichtlichem und Oberflächlichem zu begnügen. Genau das tun deshalb die überwiegende Mehrzahl der Jobsuchenden. Nutze deinen Vorsprung.

Menschen werden nicht eingestellt aufgrund von Titeln oder Positionsbezeichnungen, die in jedem Unternehmen eine spezifische Bedeutung haben. Entscheidend für die Zusage ist die Kompetenz, Probleme des Auftraggebers zu lösen.

Lenke bei jedem Auftritt den Fokus gezielt und konsequent auf die Schlüsselaufgaben, bei denen du davon ausgehst, dass sie dem Stellenverantwortlichen zur Lösung seines Bedarfes und seiner Probleme besonders wichtig sind.

Schriftlich überzeugen

Alle zeitgemäßen Marketing-Ansätze zeichnet aus, dass sie

- konsequent den Kunden mit seinem Bedarf und seinen Interessen in den Mittelpunkt stellen,

- den Bedarfsträger möglichst direkt, persönlich und treffend mit einem überzeugenden Lösungsangebot ansprechen,

- dabei nicht auf trockene Zahlen, Daten und Fakten setzen, sondern auf konkrete Beispiele, die das Gefühl genauso ansprechen wie den kritischen Geist.

Der einzige Markt, in dem diese Erkenntnisse bis heute hartnäckig ignoriert werden, ist der Arbeitsmarkt. Im Mittelpunkt steht dort meist die Bewerber-Perspektive, nicht die des Adressaten.

ICH bewerbe mich, beziehe mich auf die Anzeige, habe folgende Ausbildungen, bin auf der Suche nach neuen Herausforderungen.

Unternehmen interessieren sich erst einmal wenig für deine Person, sondern stattdessen für den Nutzen, den man sich von dir verspricht. Mit diesem Verständnis und deiner Vorarbeit kannst du dich sowohl inhaltlich als auch in der Form wohltuend abheben.

Im **Anschreiben** gilt es zu zeigen,

- dass du verstanden hast, worum es dem Unternehmen geht. Beschreibe dein Verständnis der entscheidenden Herausforderungen und Aufgaben der Position.

- dass es nach deiner Überzeugung dafür eine Lösung gibt. Schildere in kurzen Worten Lösungsansätze, die du dafür siehst und beherrschst.

- dass du mit deinen Kompetenzen und Erfahrungen für diese Lösung stehst. Belege das mit konkreten und passenden Beispielen aus deinem Werdegang.

- dass es im Interesse des Unternehmens liegt, den Kontakt mit dir aufzunehmen und zu vertiefen. Denke also am Ende des Anschreibens an das Angebot und die Aufforderung zum persönlichen Kennenlernen und Austausch.

Beschränke das Anschreiben auf eine Seite. Weniger ist hier, wie so häufig, mehr. Ziel im Anschreiben ist es, Appetit zu machen, nicht satt zu machen.

Die Präsentation ausführlicher Informationen folgt dann im **Lebenslauf**. Diesen baust du so auf, dass darin über die reinen Fakten hinaus deine Stärken mit konkreten Beispielen glaubwürdig dokumentiert und nicht zu übersehen sind.

Ergänze jede berufliche Station um einen Block »Aufgaben/Projekte«. Zähle hier vor allem das auf, was zu deinen Schlüsselaufgaben und gleichzeitig zum Bedarf der Position passt.

Orientiere dich an deinem JobCockpit und bediene dich bei den festgehaltenen Highlights der Spurensuche. Vielleicht fallen dir bei einzelnen Stationen auch weitere Beispiele ein, die du aufnehmen kannst.

Erstelle einen ausführlichen Master-Lebenslauf, den du dann für jede konkrete Bewerbung optimierst. Im Master gibt es keine Mengenbeschränkung. Im Gegenteil: Dort ist es sinnvoll, möglichst zahlreiche, inhaltlich und zeitlich unterschiedliche Aufgaben zu sammeln.

Die Arbeit, die du für diese Unterlage investierst, wird sich vielfach auszahlen. Bei jeder konkreten Position, für die du dich interessierst, gehst du ab sofort vom Master-Dokument aus. Auf der Basis des tatsächlichen Bedarfes, den du für die jeweilige Stelle recherchiert hast, streichst du als Erstes die Punkte, die für die angestrebte Position keine Rolle spielen. Anschließend prüfst du die relevanten Aufgaben und passt, wo notwendig, Formulierungen so an, dass sie den Adressaten bestmöglich ansprechen.

Wenn dein Master einmal steht, bist du auf diese Weise für jede passende Zielposition in der Lage, in kürzester Zeit ein maximal zutreffendes, vollständiges und überzeugendes Dokument zu erstellen.

Auch wenn statt Anschreiben und Lebenslauf ein vorgegebenes **Online-Profil** gefragt ist, bleibt die grundlegende Herangehensweise unverändert. Wo immer möglich, nimm Bezug auf den Bedarf und verknüpfe ihn mit deinen entscheidenden Erfahrungen. Filtere gezielt Kompetenzen heraus, die an der Stelle nicht gefragt sind, und betone stattdessen die relevanten. Nutze die Möglichkeit, Lebenslauf und Anschreiben als zusätzliche Dokumente hochzuladen, falls dies angeboten wird.

Persönlich überzeugen

Ein erster wichtiger Meilenstein ist erreicht. Offensichtlich war dein schriftlicher Auftritt erfolgreich. Jedenfalls bist du zum Interview eingeladen.

Auch im jetzt folgenden Schritt kannst du davon ausgehen, dass du durch deine Vorarbeit einen gravierenden Vorsprung vor den meisten Mitbewerbern hast.

Du bist aufgrund von Informationen und Argumenten eingeladen worden, die Hand und Fuß haben. Diese gewissenhafte Vorbereitung zahlt sich jetzt erneut aus. Bei Rückfragen hast du nicht nur überzeugende Argumente, du kannst sie auch mit den konkreten und realen Beispielen belegen und beleben, die du auf deiner Spurensuche wiederentdeckt und vom Staub befreit hast.

Du hast ein deutliches Bild davon, was du willst und was nicht (mehr). Auch das ist nicht selbstverständlich. Diese Klarheit vermittelt ein gesundes Selbstbewusstsein, das dich überzeugender macht.

Gezielt vorbereiten

Nutze zur Vorbereitung auf jedes Gespräch dein JobCockpit. Stelle die Optionen auf den Prüfstand.

Du hast eine mehr oder weniger konkrete Vorstellung darüber, welche Bedingungen und Aufgaben dich in dieser Position erwarten würden. Nimm dir die Zeit und Ruhe, dir dieses Szenario möglichst konkret und bildlich vorzustellen. Welche Tätigkeiten, Verantwortlichkeiten, Herausforderungen erwartest du? Wie stellst du dir die Zusammenarbeit mit den Menschen vor, die du bisher kennengelernt hast? Welche anderen Vermutungen hast du?

Halte deine Eindrücke fest, indem du mithilfe einer Kopie deines JobCockpits und den folgenden Fragen ein detailliertes Szenario für diese Position entwickelst.

- Haben deine favorisierten Aufgaben einen angemessenen Platz in der neuen Rolle?

- Kann es gelingen, deine ungeliebten Aufgaben maximal herunterzuschrauben?

- Bringt die Rolle Aufgaben mit sich, die du bisher nicht bedacht hast? Auf welcher Seite des Cockpits (begeisternd/belastend) sind sie einzuordnen?

- Wie schätzt du den Einfluss des Wechsels auf deine wichtigsten Bedingungen ein?

Kennzeichne die Aufgaben, in denen du die höchste Übereinstimmung zwischen den Anforderungen der Position und deinen Fähigkeiten und Schlüsselaufgaben siehst. Achte im Interview darauf, dass diese auf jeden Fall ausreichend und für deine Ansprechpartner überzeugend thematisiert werden.

Aufgaben oder Bedingungen, bei denen du auf Vermutungen angewiesen bist oder (noch) nichts weißt, geben dir wertvolle Hinweise darauf, wo es noch Recherche- oder Nachfragebedarf gibt.

Sei bei der Übung maximal ehrlich zu dir selbst. Es geht darum, eine ungeschminkte Orientierung zu gewinnen.

Am Ende dieser Vorbereitung hast du ein klares Bild darüber, was du im Interview vermitteln solltest: das Verständnis für die Anforderungen der Position. Das Wissen darüber, welche Schlüsselaufgaben zur Lösung zu bewältigen sind. Die konkreten Beispiele, die dokumentieren, dass du genau diese Erfahrung und Motivation mitbringst.

Zudem hast du wichtige Hinweise darauf herausgearbeitet, was du im Interview fragen und herausfinden solltest: Bedarfe beim Stelleninhaber, die du vermutest und die du verifizieren solltest, um nicht irrtümlich unpassende Argumente vorzubringen. Aufgaben, die unklar sind. Schlüssel-Aufgaben, die du in der heutigen Ausprägung der Position nicht siehst, und die Frage, ob dies so bleiben soll oder zukünftig das Potenzial für die Entwicklung in diese Richtung gegeben ist. Dir wichtige Bedingungen, die du noch nicht sicher einschätzen kannst.

Selten wird es gelingen, alle diese Aspekte vollständig zu klären und zu berücksichtigen. Insbesondere nicht in einem ersten Termin. Schritt für Schritt, mit jedem Gespräch, sollte das Szenario trotzdem deutlicher und konkreter werden.

Diese außergewöhnlich intensive Vorbereitung wird dich bestmöglich auf jeden nächsten Schritt vorbereiten.

Gleichzeitig steigt mit jedem geklärten Aspekt im Szenario die Klarheit, die du brauchst, wenn am Ende dieses Prozesses eine finale, fundierte und überzeugte Entscheidung gefragt ist.

4.5 Bedacht entscheiden

Der Durchbruch ist geschafft. Ein konkretes und auf den ersten Blick attraktives Angebot liegt auf dem Tisch.

Genieße diesen Erfolg. Er ist das Ergebnis deiner konsequenten und guten Arbeit.

Gerade diese sorgfältige Vorarbeit spricht dafür, dich nun auf den letzten Metern weder blenden noch zu unnötiger Hast hinreißen zu lassen.

In den zurückliegenden Gesprächen hast du möglichst viele Facetten mit deinem JobCockpit abgeglichen und damit eine detaillierte und differenzierte Vorstellung darüber entwickelt, wie die Zukunft in dieser Position aussehen würde. Du bist den Weg bis hierher gegangen, weil vermutlich die Mehrzahl der zu erwartenden Aufgaben und Bedingungen deinen Erwartungen entsprechen und auf eine positive berufliche Zukunft hindeuten.

Neben dieser Bestätigung der positiven Argumente zeigt das Szenario deines JobCockpits auch auf, ob und wo es Differenzen zu deinem Idealbild gibt:

- Aufgaben, die du sehr gerne machst, die aber nicht Teil der jetzigen Rollenvorstellung sind.

- Aufgaben, die du nicht (mehr) gerne machst und die zu deinem Verantwortungsbereich gehören würden.

- Bedingungen, die dir wichtig sind, und die sich nach deiner Einschätzung in dem zukünftigen Umfeld eher negativ entwickeln statt verbessern würden.

Hast du den Eindruck, dass einzelne der verbleibenden Störungen noch vor Vertragsunterzeichnung verhandelbar sind? Dann kannst du die jetzige Verhandlungsposition nutzen, um deine Vorstellungen anzusprechen.

Oder aber du entwickelst und verfolgst einen realistischen Plan, mit dem du nach deinem Einstieg umgehend diese Punkte angehen kannst. Hinweise darauf, wie das gelingen kann, findest du im nächsten Kapitel.

Siehst du bei einzelnen Faktoren keinen realistischen Ansatz, die Differenzen in absehbarer Zeit zu entschärfen? Dann bleibt zu klären, ob du dir stattdessen vorstellen kannst, diese Einschränkungen bewusst zu akzeptieren. Zum Beispiel, weil gleichzeitige positive Aspekte die Nachteile mehr als ausgleichen.

Auch das kann eine überlegte und verantwortliche Entscheidung sein. Sie sollte in der Folgezeit dazu führen, dass du auf nachteilige Auswirkungen und Konsequenzen vorbereitet bist. Dir ist dann klar, dass du eigenverantwortlich so entschieden hast und dass es dafür gute Gründe gibt. Du bist kein machtloses Opfer, stattdessen hast du eine bewusste und erwachsene Entscheidung getroffen. Das sollte es dir ermöglichen, besser mit den faktischen und emotionalen Folgen umzugehen.

Realistisches und optimistisches Fazit

> *Warte nicht auf Perfektion,*
> *um etwas Gutes zu beginnen.*
> Abbé Pierre

Bewerte abschließend das wahrscheinliche Gesamt-Szenario. Wie wird es dir gehen, wie zufrieden und motiviert wirst du sein, wenn die beruflichen Flitterwochen vorbei sind und sich die Umstände überwiegend so realisieren, wie du es vorhersagst?

Lass dich an dieser Stelle nicht von Streben nach Perfektion und der unnachgiebigen Jagd nach einem Idealbild ausbremsen und blockieren. Eine lückenlose Übereinstimmung mit deinen Vorstellungen wirst du selten erreichen. Und selbst wenn das kurzzeitig gelingen sollte, dann denke an die oft zitierte und bestätigte Prognose, dass Veränderung die einzige Konstante ist.

Es ist also in Ordnung und wohl unvermeidbar, dass Abweichungen vom Idealzustand übrig bleiben oder auch wieder entstehen.

Lege abschließend die Bilder des Zukunftsszenarios sowie deiner heutigen Realität nebeneinander. Sieh dir an, an welchen Stellen du wichtige Unterschiede und Entwicklungen entdeckst.

Deutet der Trend eindeutig in die gewünschte positive Richtung? Erkennst du sofortige Verbesserungen sowie das absehbare Potenzial zur weiteren positiven Entwicklung? Dann freue dich, hole tief Luft und gib deinen Ansprechpartnerinnen und zukünftigen Kollegen das Startsignal zum Aufbruch in die gemeinsame Arbeit.

Abbrechen oder aufbrechen

Was aber, wenn deine Bilanz zu keinem positiven Ergebnis kommt? Wenn nach all den Überlegungen negative Aspekte übrig bleiben, die du weder verändern noch akzeptieren kannst? Wenn sich in der Prognose deiner Zufriedenheit kein echter und realistischer Fortschritt abzeichnet?

Versetze dich in die Lage einer Pilotin, deren Instrumente beim Anflug auf den Zielflughafen zweifelsfrei Hindernisse anzeigen, die eindringlich gegen eine erfolgreiche und sichere Landung sprechen.

Es mag sein, dass sie sich schon sehr auf einen schönen Abend mit Freunden gefreut hat. Der lautstarke Protest einzelner Fluggäste mag nicht zu überhören sein. Das alles wird sie nicht von der verantwortlichen Entscheidung abhalten, den Anflug abzubrechen und umgehend die Suche nach einem alternativen und sicheren Landeplatz einzuleiten.

Wenn dein Cockpit unüberwindliche Detailprobleme oder einen unbefriedigenden Gesamttrend signalisiert, dann sage höflich und bestimmt ab.

In allen anderen Fällen atme tief durch und bereite dich auf den gelassenen und gleichzeitig konzentrierten Landeanflug vor.

4.6 Selbstbewusst ankommen

Glückwunsch. Du hast mit intensiver Vorarbeit, überzeugtem Auftreten und ehrlichem Hinterfragen die Tür zu einer motivierenden beruflichen Zukunft weit aufgemacht.

Vor dir liegt ein Weg mit großen Chancen, aber voraussichtlich auch mit neuen Herausforderungen, überraschenden Stolpersteinen und versteckten Fettnäpfchen.

Die Chancen gilt es zu nutzen.

Die Risiken sollten in der allgemeinen Begeisterung nicht übersehen, sondern offensiv ausgeräumt werden.

Optimistisch aufbrechen

Ein Schiff liegt am sichersten im Hafen.
Aber dafür wurde es nicht gebaut.
William Shedd

Von Walt Disney stammt die Methode, imaginäre Stühle mit unterschiedlichen inneren Perspektiven und Stimmen zu besetzen. Jede dieser inneren Persönlichkeiten kann sich zu Wort melden, jede hat in bestimmten Situationen und Phasen eine wichtige Funktion.

Im letzten Abschnitt haben wir auf die Hinweise des inneren Kritikers gehört und reagiert, der herausfordert, kritische Fragen stellt, Denkfehler und Illusionen entlarvt. Du hast die Sichtweise ernst genommen, die Argumente abgewogen und eine Entscheidung getroffen.

Jetzt ist es an der Zeit, dem Kritiker und dem Pessimisten eine Pause zu gönnen und den Stuhl, die Perspektive und Grundhaltung fundamental zu wechseln.

Damit ist die Zeit des Optimisten gekommen. Gefragt ist in dieser Phase der mutige Enthusiast, der sich nicht an Risiken und Hindernissen, sondern an Chancen und Lösungsansätzen orientiert. Die zuversichtliche Haltung hat in dieser Phase eine wichtige Funktion.

In den bisherigen Begegnungen ist viel erreicht worden. Das Unternehmen möchte mit dir arbeiten und umgekehrt. Jetzt geht es noch um die lästigen Details und Formalitäten.

Nicht selten treten in dieser formellen und oft unpersönlichen Phase, nach erfreulichen und motivierenden Vorgesprächen überraschende und irritierende Spannungen auf. Zugesagte Termine werden vielleicht nicht gehalten. Vereinbarte Details werden im Vertragsentwurf nicht korrekt wiedergegeben. Diese Kontroversen sind meistens unbeabsichtigt, nicht wirklich problematisch, aber gefährden doch das bisher Erreichte.

Du hast intensiv auf diesen Moment hingearbeitet. Ein unnötiges Scheitern wäre sehr schade. Trage mit einer positiven Grundhaltung, notwendiger Gründlichkeit und angemessener Gelassenheit dazu bei, die Situation zu entspannen, auch diese letzte Hürde zu meistern, optimistisch den Blick in die Zukunft zu richten.

Sage »Ja« zu der neuen Aufgabe, freue dich, feire deinen Erfolg. Und dann beginne damit, dich intensiv und realitätsbezogen auf einen bestmöglichen Einstieg vorzubereiten.

Erfolgreich einsteigen

Überdurchschnittlich viele Arbeitsverhältnisse werden bereits im ersten Jahr wieder gelöst. Der Schaden für alle Beteiligten ist immer erheblich und nicht selten vermeidbar.

Der häufigste Grund für das Scheitern in neuen Positionen ist nicht Misserfolg, sondern das unterschiedliche Verständnis darüber, woran Erfolg gemessen wird.

Du glaubst, verstanden zu haben, worum es geht. Du bist lange Zeit überzeugt davon, auf einem guten Weg zu sein. Ein fundiertes Feedback erhältst du nicht, weil die Zeit dazu fehlt. Und wenn die Zeit dann gekommen ist, wird erschreckend deutlich, dass deine Führungskraft eine völlig andere Erwartung hatte. An dem Punkt ist es oft zu spät für eine Korrektur.

Weißt du, was von dir erwartet wird? Oder glaubst du, es zu wissen? Verschaffe dir Sicherheit, von Anfang an. Wenn deine Ziele nicht eindeutig formuliert sind, dann frage nach und dokumentiere die Antworten.

Was sind zum Start Ihre wichtigsten Erwartungen an mich?

Woran werden Sie in 100 Tagen konkret festmachen, dass Sie mit der Entscheidung für die Zusammenarbeit recht hatten?

Du sorgst mit dem beharrlichen Vorgehen nicht nur für Klarheit, sondern zeigst gleichzeitig Engagement, Pragmatismus und Zielorientierung. Du schaffst einen guten Aufhänger, um dir rechtzeitig ein Zwischenfeedback zu holen.

So bewahrst du dich und alle Beteiligten vor bösen Überraschungen.

Auch für die hier gefragte Stimme hat Walt Disney einen Stuhl und eine Rolle reserviert. Den Realisten, den Pragmatiker, der sich für die konkrete und erfolgreiche Umsetzung der Ideen und Vorhaben stark macht.

In den ersten Monaten werden entscheidende Grundlagen für die Zusammenarbeit gelegt. Der Realist entwickelt Pläne, bewertet die notwendigen Schritte, konzentriert sich auf das Machbare.

Beim Neueinstieg und in den Wochen danach gibt es noch keine Routinen, festgefahrenen Arbeitsteilungen und Voreingenommenheit deiner Person gegenüber. Nutze konsequent diese einmalige Gelegenheit, die Weichen von vornherein bestmöglich in deinem Sinne zu stellen.

Wenn der Einstieg gelungen ist, dann gilt es, konsequent die eingeschlagene Richtung zu kontrollieren und gegebenenfalls nachzusteuern.

Dein JobCockpit liefert dir die notwendigen Koordinaten. Die Ansätze und Vorgehensweisen zum Steuern sind die Gleichen, die für die konsequente Verbesserung im bestehenden Umfeld sorgen. Du lernst sie im Teil 5 kennen.

4.7 Sonderweg Existenzgründung

Die meisten StopOver-Kunden kommen aus einer angestellten Position, und sehen sich auch in Zukunft wieder dort, im bisherigen Unternehmen oder einem neuen.

Der Weg in die teilweise oder vollständige Selbstständigkeit ist für manche eine ernsthafte und attraktive Alternative zur Anstellung.

Für diesen Wunsch gibt es sehr unterschiedliche Beweggründe und Motivationen. Manchmal gibt es bereits eine Geschäftsidee. Oder ein wichtiger Teil der persönlichen Bedürfnisse ist in einer Anstellung nicht (mehr) zufriedenzustellen und der Weg in die Selbstständigkeit macht Hoffnung auf eine substanzielle Verbesserung.

Der Traum vom Aufbau einer eigenen wirtschaftlichen Existenz ist verbreitet. Laut Statistischem Bundesamt wurden 2020 circa 670.000 Gewerbeanmeldungen registriert. Im gleichen Zeitraum wurden allerdings auch 542.000 Gewerbeabmeldungen verzeichnet.[10]

Die Zahlen belegen einerseits die Anziehungskraft dieser Alternative. Andererseits unterstreichen sie, dass eine konsequente Prüfung und Abwägung von Voraussetzungen, Chancen und Risiken einer Gründung notwendig ist, um die Gefahr von frustrierenden Rückschlägen oder eines Scheiterns zu minimieren.

Eine umfängliche Begleitung dieses anspruchsvollen Prozesses bietet wieder Stoff für ein eigenes Buch. Tatsächlich ist beabsichtigt, in einem Folgebuch die bisher in diesem Band erarbeiteten Grundlagen aufzunehmen und mit dem Ziel einer erfolgreichen Existenzgründung ausführlich weiterzuentwickeln. Darüber hinaus existieren zahlreiche Veröffentlichungen zum Weg in die Selbstständigkeit.

In diesem Buch beschränke ich mich darauf, anhand der bisher erarbeiteten Erkenntnisse sowie darauf aufbauender Fragen, die notwendigen Voraussetzungen und Erfolgsaussichten einer Gründung zu klären.

Probe aufs Exempel

Verfügst du über ein realistisches Bild von dem erwartbaren Arbeitsalltages einer Unternehmerin? Wie wird dein Arbeitsalltag und dein Leben aussehen, wenn der Start in die Selbstständigkeit hinter dir liegt?

Mit welchen Aufgaben wirst du deinen Arbeitstag verbringen? Wie sehen die veränderten Bedingungen aus? Aspekte, die noch nicht klar sind, bei denen du auf Vermutungen und Hoffnungen angewiesen bist, solltest du konsequent recherchieren.

Stell dir das konkrete Szenario möglichst plastisch vor. Nutze eine Kopie deines JobCockpits und halte fest, wie sich der Schritt in die Selbstständigkeit auf die einzelnen Aspekte auswirkt.

Ein Teil deiner motivierenden Bedingungen wird vermutlich stärker als bisher erfüllt werden (zum Beispiel Freiraum). Es kann auch sein, dass andere, bisher gut bediente Energiequellen im neuen Umfeld eher blockiert und zur Herausforderung werden (zum Beispiel Sicherheit).

Einige deiner Energiefresser werden dich in der Selbstständigkeit hoffentlich weniger oder sogar überhaupt nicht mehr belasten (zum Beispiel arbeiten für die Tonne). Wichtig für nachhaltige Erfolgsaussichten ist aber, mögliche neue Belastungen und demotivierende Bedingungen vorherzusehen und in die Entscheidung mit einzubeziehen (zum Beispiel weniger im Team zu arbeiten).

Entwickle und skizziere also auf deinem JobCockpit ein möglichst realistisches Szenario, indem du die vorhersehbaren Bedingungen einer Selbstständigkeit festhältst und mit der heutigen Konstellation vergleichst. Die entscheidende Frage lautet dann:

- Werden die veränderten Bedingungen in der Summe zu einer signifikanten Verbesserung deiner beruflichen Zufriedenheit führen? ☐ Ja / ☐ Nein

Das Potenzial für eine nicht nur befriedigende, sondern auch erfolgreiche Existenzgründung liegt in den Dingen, die du besonders gerne und gut tust. Je mehr dieser Schlüsselaufgaben du zu einem überzeugenden Angebot kombinieren kannst, desto mehr Freude und Motivation wirst du erleben.

Allerdings kann es durchaus sein, dass du nach der Gründung auf einen Teil der Tätigkeiten, die dir Spaß machen, erst einmal verzichten musst (zum Beispiel Führungsaufgaben). Oder die Selbstständigkeit bringt Pflichten mit sich, die du bisher gerne anderen überlassen hast (zum Beispiel Vertrieb).

Daraus ergeben sich zwei weitere Fragen, die für deine Aussichten auf Erfolg und Zufriedenheit ausschlaggebend sind:

- Sind deine Schlüsselaufgaben dazu geeignet, ein attraktives Angebot zusammenzustellen und damit bei zukünftigen Kunden gravierende Probleme zu lösen und spürbaren Nutzen zu schaffen? ☐ Ja / ☐ Nein

- Werden die veränderten Aufgaben in der Summe zu einer signifikanten Verbesserung deiner beruflichen Zufriedenheit führen? ☐ Ja / ☐ Nein

Erstaunlich häufig wird das Scheitern einer Geschäftsidee durch ein simples Missverständnis besiegelt: Das Angebot löst ein Problem, das die anvisierten Kunden entweder nicht haben, nicht erkennen oder nicht für wichtig halten.

Entscheidend dabei ist leider nicht, wer objektiv recht hat, sondern ausschließlich das subjektive Empfinden der möglichen Käufer. Aus diesem Umstand leiten sich die abschließenden Fragen ab:

- Siehst du eine ausreichend große Anzahl von Zielkunden, die das Bewusstsein für die Dringlichkeit des adressierten Problems und den Wert einer Lösung verbindet? ☐ Ja / ☐ Nein

- Sind diese Menschen nach deiner Einschätzung bereit dazu, für die Lösung ihres Problems so viel Geld auszugeben, dass es in der Summe realistisch ist, damit einen für dich ausreichenden und angemessenen Lebensunterhalt zu verdienen? ☐ Ja / ☐ Nein

Wenn du eine oder mehrere dieser Fragen mit »Nein« beantwortest, oder wenn du zumindest erhebliche Zweifel an einem überzeugten »Ja« hast, dann prüfe den betreffenden Aspekt mit dem notwendigen kritischen Blick. Vermeide eine beschönigende, unrealistische, von Wunschdenken geleitete Bewertung. Lassen sich die kritischen Punkte und die Zweifel durch einen veränderten Ansatz ausräumen? Erst dann macht es Sinn, dein Vorhaben konsequent weiterzuverfolgen.

Kannst du jede einzelne dieser Fragen mit einem überzeugten »Ja« beantworten? Dann verfügst du über eine gute Grundlage, um optimistisch und entschlossen in den eigentlichen Prozess der Gründung einzusteigen.

5. BLEIBEN: DURCHSTARTEN IM BISHERIGEN UMFELD

Du hast dich dazu entschlossen, der heutigen Position und dem jetzigen Umfeld eine Chance zu geben.

Oder aber du hast dich für die Trennung entschieden und die Neupositionierung inzwischen erfolgreich realisiert.

Natürlich steht es dir jederzeit frei, die Entwicklung neu zu bewerten und auf die Wechselstrategie umzuschalten. Solange deine Entscheidung für die Optimierung im aktuellen Umfeld steht, geht es jedenfalls darum,

- die vielversprechendsten Ansatzpunkte für eine schnelle und nachhaltige Verbesserung von innen zu identifizieren,

- diese Stellschrauben konsequent zu bearbeiten,

- deine Strategie immer wieder an die fließende Entwicklung anzupassen und im Sinne einer kontinuierlichen Verbesserung ständig zu optimieren.

5.1 Den Traum realisieren

Stell dir vor, du könntest deine Arbeit so modellieren, umformen und schrittweise optimieren, dass du deinen Traumjob immer im Blick hast. Du registrierst störende Tendenzen rechtzeitig, identifizierst Auslöser und bist in der Lage, schnell und effizient nachzusteuern.

Klingt zu schön, um wahr zu sein? In einer breit angelegten Studie[11] wurde belegt, dass einem Teil der Beschäftigten in Unternehmen genau dies gelingt. Sie tun das meist unbewusst, intuitiv und mit der Belohnung einer weit überdurchschnittlichen Motivation und Arbeitszufriedenheit.

Mehrere Folgestudien kommen zu ähnlichen Ergebnissen. Die StopOver-Erkenntnisse und die Schilderungen nachhaltig erfolgreicher Teilnehmer genauso.

Berufstätige sind offensichtlich in der Lage, selbst mit einfachen, unspektakulären und gleichzeitig konsequenten Interventionen erstaunliche und spürbare Verbesserungen an beruflichen Aufgaben und Umfeldbedingungen nach ihren Vorstellungen zu gestalten.

Es ist sinnvoll, aus diesem hilfreichen, aber meist unbewussten Verhalten einen Ansatz zu entwickeln, der steuerbar und reproduzierbar ist. Unter der Bezeichnung »Job Crafting« hat sich das Ergebnis dieser Überlegungen inzwischen in der Arbeitspsychologie und Motivationsforschung etabliert.

Job Crafting beschreibt die individuelle Fähigkeit, die eigene Arbeit unter Ausnutzung der gegebenen Freiräume aktiv und selbstbestimmt so zu gestalten, dass sie den persönlichen Vorstellungen und Kompetenzen möglichst gut entspricht. Im Kern geht es darum, proaktiv, konstruktiv und mit einem Schuss Kreativität die eigene Rolle Schritt für Schritt in eine positivere Richtung zu bewegen.

5.2 Aufgaben: Beeinflussen, was du arbeitest

Die Grundregel zur kontinuierlichen Verbesserung deines beruflichen Tuns könnte kaum einfacher sein: Nutze ab sofort jede Chance, um

- mehr und mehr von den Aufgaben zu übernehmen, die du gerne tust,

- die Aufgaben, die dir keinen Spaß mehr machen, kontinuierlich zu reduzieren.

Manche Gelegenheiten dazu ergeben sich tatsächlich so einfach, wie das klingt.

Die individuelle Aufgabenverteilung ist häufig nicht festgeschrieben, sondern wird mehr oder weniger situationsbedingt und zufallsgesteuert vorgenommen.

Die häufigste Ursache für nachteilige Entscheidungen und Entwicklungen ist nicht böser Wille, sondern Unwissen. Du hast erlebt, wie mühsam es für dich selbst war, ein umfassendes Bild deiner Neigungen zu entwickeln. Verlasse dich deshalb nicht darauf, dass deine Führungskraft deine wichtigsten und liebsten Stärken und Aufgaben kennt oder zumindest annähernd richtig erahnt.

Jedes Mal, wenn ein Auftrag vergeben wird, kannst du abwarten und auf einen für dich günstigen Ausgang hoffen. Das kann funktionieren. Wahrscheinlicher ist, dass du dich anschließend ärgerst, weil jemand anderes mehr Glück hatte oder einfach schneller und lauter war.

Oder aber du signalisierst rechtzeitig und deutlich eine Präferenz.

Das erfordert einerseits Courage und die Bereitschaft, aus der vermeintlich sicheren Deckung und Anonymität herauszutreten. Und es setzt voraus, dass du selbst deine Präferenzen kennst und nicht erst einmal ausführlich überlegen und abwägen musst. Die notwendige Grundlage und Klarheit dafür hast du dir erarbeitet.

Wenn die zu verteilende Aufgabe bereits einen Platz in deinem JobCockpit hat, dann hast du die Abwägung schon bewältigt. Greife zu und melde umgehend und unmissverständlich deinen Anspruch an, wenn sich die Aufgabe in der positiven Hälfte befindet.

Bei den Aufgaben der negativen Seite signalisiere deutlich, dass du es vorziehst, diese nicht zu übernehmen.

Bei neuen Aufgaben, die du bisher noch nicht gemacht und bewertet hast, verfügst du inzwischen über eine geschärfte Sensibilität dafür, ob sie deine Motivation und Leistungsfähigkeit fördern oder belasten werden. In diesem Wissen kannst du spontan Zustimmung oder Widerspruch deutlich machen.

Natürlich kann es dann trotzdem passieren, dass du überstimmt wirst, obwohl du dich klar geäußert hast. Viel zu häufig erfolgt die Verteilung aber relativ willkürlich, nach überholten Mustern und Annahmen, oder die Aufgabe geht an diejenigen, die sich früher positioniert haben.

Über diesen maßgeblichen Ansatz hinaus gibt es zahlreiche weitere Möglichkeiten, die in der Summe die Entwicklung deines Aufgabenfeldes in deinem Sinne beeinflussen.

- In der rechten Hälfte deines JobCockpits hast du Aufgaben platziert, die heute schon einen positiven Beitrag zu deiner Zufriedenheit leisten. Sorge mit allen geeigneten Mitteln dafür, dass dir diese Aufgaben nicht ohne Not oder unbeabsichtigt abgenommen werden. Investiere gezielt Zeit, Aufmerksamkeit und Energie in diese Tätigkeiten. Stelle sicher, dass deine Ergebnisse und Erfolge angemessen bemerkt und gewürdigt werden.

- Signalisiere genauso klar bei den Aufgaben der linken Hälfte, dass du diese in Zukunft soweit wie möglich reduzieren oder abgeben willst.

- Binde neben deiner Führungskraft auch Multiplikatoren wie HR, Betriebsrat oder Bekannte in anderen Bereichen ein. Sie werden dir selbst meist keine Aufgaben geben. Sie können aber deine Botschaft verbreiten und sich für dich umhören und einsetzen.

- Achte aufmerksam auf die Vergabe von reizvollen Projekten, Aufträgen und Aufgaben auch außerhalb deiner organisatorischen Einheit und deines Zuständigkeitsbereiches. Melde dich offensiv und ergreife diese Chancen.

- Mache deinem Umfeld deutlich, was du zu leisten fähig bist. Verlasse dich nicht darauf, dass die relevanten Personen dein Engagement und deine Leistungen ohne dein Zutun aufmerksam beobachten, wahrnehmen und anerkennen. Trage aktiv dazu bei, dass deine Erfolge und der Nutzen für das Unternehmen nicht übersehen werden.

- Es mag sein, dass deine Führungskraft oder mögliche andere Auftraggeber auf deine Vorschläge und Wünsche alleine deshalb eingehen, weil nichts dagegenspricht oder weil man dich schätzt und dir gerne einen Gefallen tut. Es soll aber auch weniger selbstlose Menschen geben, für die bewusst oder unbewusst im Hintergrund immer die Frage mitläuft:»Was habe ich davon?« Ob du diese Haltung gutheißt oder nicht, ist für die Annäherung an dein Ziel zweitrangig. Du kannst dich davon abstoßen lassen, sie ignorieren oder zielführende Konsequenzen daraus ableiten. Die Erfolgsaussicht bei der Einflussnahme auf Entscheider steigt jedenfalls, wenn du immer auch überlegst und vermittelst, worin der Vorteil deines Anliegens für andere liegt.

- Genau wie du selbst haben auch die Kolleginnen und Kollegen ihre individuellen Vorlieben und Stärken. Das sind vermutlich zumindest teilweise andere als deine. Sei dir bewusst, dass deine Frustaufgaben manchen anderen Menschen Spaß machen, dass sie andererseits deine Favoriten teilweise nur mühsam und widerwillig ausführen.

Die mangelhafte Berücksichtigung von Stärken und Präferenzen nervt und ermüdet nicht nur betroffene Mitarbeiter. Sie schadet auch den Unternehmen durch gravierende Produktivitätseinbußen. Trotzdem spiegelt sie viel zu oft die berufliche Realität wider. Das kann man endlos beklagen oder man kann die Korrektur im Rahmen der Einflussmöglichkeiten selbst in die Hand nehmen und für die eigene Entwicklung nutzen.

Das bedeutet: Biete offensiv an, Aufgaben zu übernehmen, von denen du vermutest, dass sie jemand anderem schwerfallen. Suche umgekehrt Möglichkeiten, andere mit ihren Lieblingsaufgaben zu beglücken, die dich nerven und Energie kosten. Es mag sein, dass dein Tauschangebot in Einzelfällen auf Irritation oder Ablehnung stößt. Lass dich davon nicht abschrecken. Wichtiger ist die Aussicht, dass du mit der

Initiative erst Überraschung und dann Dankbarkeit auslöst. Wenn es funktioniert, dann haben jedenfalls alle Beteiligten gewonnen.

- Falls du selbst als Führungskraft oder projektbezogen in der Lage bist, Aufträge zu erteilen, dann vergib und delegiere ab sofort insbesondere die Aufgaben, die dir nicht liegen. Natürlich gilt es dabei, Notwendigkeiten und Einschränkungen angemessen zu berücksichtigen und Mitarbeiter nicht unangemessen zu belasten. Sei aber nicht unnötig zurückhaltend. Zu große Empfindsamkeiten oder ein schlechtes Gewissen sind an der Stelle die falschen Ratgeber.

- Und schließlich: Ein eindeutiges »Nein«, gerne auch etwas diplomatischer verpackt, ist das effektivste und schnellste Mittel, mit dem du den weiteren Zufluss von unerwünschten Aufgaben entscheidend reduzieren kannst.

Übung: Handlungsoptionen Aufgaben

Du hast unterschiedliche Ansätze zur schrittweisen Optimierung deiner Aufgaben kennengelernt. Für deinen persönlichen Erfolg und Fortschritt ist es jetzt wichtig, die für dich wirksamsten und effizientesten Maßnahmen zu identifizieren, zu bewerten und anzugehen.

Die beschriebenen Interventionen haben sich bewährt. Einen Anspruch auf Vollständigkeit erheben sie nicht. Notiere deshalb in der folgenden Übung auch alle zusätzlichen Ansätze, die dir einfallen. An dieser Stelle gelten die Regeln des Brainstormings: Sei offen für alle Ideen, die auftauchen. Kritik, Bedenken und die Prüfung auf Alltagstauglichkeit sind wichtig, kommen aber später zu ihrem Recht.

Übertrage die folgende Struktur in dein Logbuch.

Handlungsoptionen Aufgaben

Maßnahme, Ansatz, Idee	Start	Stopp

Abbildung 17: Handlungsoptionen Aufgaben

Welche der oben beschriebenen Maßnahmen können dein Ziel unterstützen, aus eigener Kraft Schritt für Schritt mehr von deinen favorisierten und weniger von deinen frustrierenden Aufgaben zu übernehmen? Übernimm mit deinen Worten Vorschläge, die du für anwendbar hältst.

Wenn die Beispiele erschöpft sind, dann nutze die folgenden Fragen, um darüber hinausgehende eigene Ansätze und Maßnahmen zu entwickeln.

- Was würdest du unternehmen, wenn
  - ein Erfolg garantiert wäre?
  - Geld keine Rolle spielen würde?
  - du niemandem Rechenschaft schuldig wärst?

- Wer könnte dich unterstützen und wie kannst du das anregen?

- Was hat in der Vergangenheit für dich funktioniert? Was kannst du daraus lernen, wiederholen und weiterentwickeln?

- Gibt es Menschen, die deine Situation einschätzen können, und was würden sie dir raten?

- Was würdest du empfehlen, wenn du in einer vergleichbaren Situation von jemand anderem um Rat gefragt würdest?

In diesem Kapitel hast du Ansatzpunkte zur Verbesserung darüber herausgearbeitet, was du arbeitest, welche Aufgaben du zukünftig mehr oder weniger übernehmen willst.

Im zweiten Optimierungsschritt steht jetzt im Vordergrund, wie du arbeitest und wie du diese Umstände zu deinem Vorteil beeinflussen kannst.

5.3 Bedingungen: Beeinflussen, wie du arbeitest

Im JobCockpit hast du die Umfeldbedingungen festgehalten, die den stärksten Einfluss auf dein Wohlbefinden, deine Leistungsfähigkeit und dein Energielevel haben. Für jede der übertragenen und somit wichtigen Bedingungen hast du ihren aktuellen Einfluss auf deine Zufriedenheit bewertet.

Wie bei den Aufgaben gibt es auch hier eine simple zweigeteilte Formel zur Regeneration und Wiederherstellung von beruflicher Motivation und Freude.

Beobachte die Entwicklung jedes einzelnen Aspektes aufmerksam und nimm wo immer möglich Einfluss darauf,

- dass die Energiequellen auf der rechten Seite nicht nachhaltig und oft schleichend untergraben werden,

- dass die Energiefresser auf der linken Seite Schritt für Schritt korrigiert und in eine positive Richtung entwickelt werden.

Die Trendumkehr ergibt sich aus der Summe von einzelnen Verbesserungen. Um diese schrittweise Optimierung geht es in diesem Kapitel.

Beherzt gestalten statt Opfer bleiben

> *Gib mir den Mut, die Dinge zu ändern,*
> *die ich ändern kann.*
> *Die Gelassenheit, hinzunehmen,*
> *was ich nicht ändern kann.*
> *Und die Weisheit, das eine vom*
> *anderen zu unterscheiden.*
> Reinhold Niebuhr

Die »Umfeldbedingungen« werden so genannt, weil das Umfeld darauf einen beträchtlichen Einfluss hat. Die Realität in Unternehmen belegt, dass du einen Teil davon kaum oder gar nicht verändern kannst.

Wenn die Unternehmensleitung wechselt und statt der bisher großen individuellen Freiräume kompromisslos auf kleinteilige Führung und enge Kontrolle besteht, dann wirst du es sehr schwer haben, deine Bedürfnisse nach Autonomie und Selbstbestimmung zu realisieren.

Wenn in Zukunft mehr Elektroautos produziert werden sollen, dann wirst du diese Entwicklung als Spezialist für Verbrennungsmotoren nicht verhindern können.

Solche Entscheidungen und Tendenzen kann man endlos beklagen und zum chronischen Nörgler werden. Jeder kennt Beispiele für solche zum Teil tragischen Entwicklungen und Schicksale.

Alternativ gibt es die »Don-Quixote-Strategie«. Das unablässige Kämpfen und Rebellieren gegen Windmühlen mit dem immer gleichen Ergebnis. Die Mühlen drehen sich unbeeindruckt weiter. Der Ritter von der traurigen Gestalt bleibt zurück mit jeder Menge blauer Flecken. Statt Respekt erntet er meist Mitleid oder sogar Spott.

Trotz großer Unterschiede im Einzelfall drängt sich weder beim Nörgler noch beim Rebellen der Eindruck auf, dass diese Haltung zu einem Happy End führt, langfristig zufriedener und glücklicher macht.

Wenn diese Strategien offensichtlich nicht die Aussicht auf nachhaltige Zufriedenheit fördern, dann ist es sinnvoll, alternative Vorgehensweisen und Haltungen zu empfehlen und zu entwickeln.

Der Grund für die Popularität des oben zitierten »Gelassenheitsgebetes« liegt darin, dass es den Fokus und die Sichtweise verändert.

Es lenkt die Aufmerksamkeit weg von den Aspekten, die nicht in unserer Macht liegen, die uns zum ohnmächtigen Opfer machen.

Es fordert dazu auf, uns darauf zu konzentrieren, was wir aus eigener Kraft beeinflussen und gestalten können.

Diese Haltungsänderung hat offensichtlich eine befreiende Wirkung. Sie mobilisiert Energie und Kreativität, die notwendige Voraussetzungen für einen beherzten Aufbruch sind. Darum geht es also in diesem Kapitel:

- Die Bereitschaft, Gelassenheit und Fähigkeit, zu erkennen und zu akzeptieren, was in diesem Moment unveränderlich ist.

- Die Courage, Kreativität und Konsequenz, zu erkennen und zu verändern, worauf du selbst Einfluss hast.

Selbstcoaching: Sich selbst helfen

Die Bandbreite an individuell wichtigen Bedingungen, an Ausgangssituationen, Bedürfnissen und Verbesserungsansätzen ist riesig. Ernst zu nehmende, wirklich hilfreiche und individuell passende Hinweise für jeden einzelnen Aspekt geben zu wollen, ist weder realistisch noch seriös.

Gib einem Hungernden einen Fisch,
und er wird einmal satt.
Lehre ihn Fischen,
und er wird nie wieder hungern.
Laotse

Statt oberflächlicher »Tipps und Tricks« für alle infrage kommenden Konstellationen wirst du hier eine bewährte Methode kennenlernen, die dich in die Lage versetzt, deine eigenen Antworten und den passenden Weg selbst zu finden.

Ein guter Coach wird dich eine Zeit lang auf deinem Weg zum definierten Ziel begleiten und unterstützen und sich dabei Schritt für Schritt selbst überflüssig machen. So wie viele Kolleginnen und Kollegen leiste ich seit zwei Jahrzehnten mit diesem Coaching-Verständnis Hilfe zur Selbsthilfe. Diese Arbeit mache ich mit der Überzeugung, dass der unvoreingenommene Blick von außen in vielen Fällen ein maßgeblicher Faktor ist, der eine Blockade auflöst und den Stein der Entwicklung ins Rollen bringt.

Auch in deiner jetzigen Situation kommst du möglicherweise an Punkte, an denen es sich lohnt, die Unterstützung durch einen vertrauten Menschen oder auch eine professionelle Begleitung in Erwägung zu ziehen.

Erst einmal ist es aber nicht nur sparsamer, sondern auch möglich und empfehlenswert, diese Rolle selbst zu übernehmen, geeignete Coaching-Methoden auszuprobieren und zu sehen, wie weit du auf diesem Weg vorankommst.

Ein bewährter Ansatz zur Selbsthilfe, den wir hier nutzen wollen, ist von dem amerikanischen Therapeuten und Autor Steve de Shazer gemeinsam mit seiner Ehefrau Insoo Kim Berg entwickelt worden. Ihr »lösungsorientierter Ansatz« distanziert sich von der Denkweise, dass andere Menschen und Umstände für unser Leben und unsere Zufriedenheit verantwortlich sind. Stattdessen geht er konsequent von der Überzeugung aus, dass jedem Menschen Möglichkeiten und Fähigkeiten zur Verfügung stehen, um aus eigener Kraft, mit eigenen Ressourcen und Kompetenzen ein neues und besseres Zukunftsbild als das bisherige zu entwickeln und zu realisieren.

Voraussetzung dafür ist es, sich weniger mit Ursachenforschung, Fehleranalysen und Schuldfragen zu beschäftigen. Die lösungsorientierte Beratung fokussiert stattdessen konsequent auf mögliche Lösungen für das aktuelle Problem. Dabei werden Vorgehensweisen, die sich an anderer Stelle oder in der Vergangenheit bewährt haben, sichtbar und für aktuelle Lösungen anwendbar gemacht.

Dieser Ansatz wird dich dabei unterstützen, Bedingung für Bedingung zu analysieren und jeweils auf dich und deine Situation passende Ansätze zur Verbesserung zu entwickeln.

Beginne die Aufarbeitung mit einer der Umfeldbedingungen aus deinem JobCockpit, die für dich gerade am wenigsten aushaltbar ist. Die Reihenfolge ist hier nicht entscheidend. Du wirst nach und nach auch die weiteren Zeilen bearbeiten.

Brainstorming: Handlungsoptionen Bedingungen

Wähle also einen der besonders belastenden Punkte aus und beantworte darauf bezogen die folgenden Fragen aus der lösungsorientierten Beratung.

Notiere jeden möglichen Ansatz zur Verbesserung der Situation im Logbuch.

Genau wie bei den Aufgaben gelten auch hier die Regeln des Brainstormings. Lasse erst einmal alle spontanen Ideen zu. Verschiebe das Filtern und Priorisieren auf einen späteren Arbeitsschritt.

Lass dich von den jeweiligen Blickwinkeln und Fragen inspirieren, aber nicht einschränken. Halte auch neue und exklusive Ansätze fest.

Handlungsopt. Bedingungen

Maßnahme, Ansatz, Idee	Start	Stopp

Abbildung 18: Handlungsoptionen Bedingungen

Mit hoher Wahrscheinlichkeit hat es in der Vergangenheit auch Momente gegeben, in denen die gewählte Umfeldbedingung selbst oder ihre Wirkung auf dich weniger belastend war, zumindest geringfügig oder zeitweise. Nimm dir die Zeit und suche in Ruhe nach einem oder besser mehreren Beispielen für diese Ausnahme.

- Was war in diesen Momenten anders? Welche Umstände und Aktivitäten führen dich zu der etwas positiveren Bewertung?

- Wer oder was hat zu diesen Ausnahmen beigetragen? Wie und wodurch?

- Was hast du selbst beigetragen, was waren deine Anteile? Was hast du anders als sonst gemacht?

- Und was noch? Und was noch? Bleibe bei der Situation und frage weiter und tiefer, bis dir nichts weiter einfällt.

- Was müsste sich weiter verschlechtern, damit es auch diese positiveren Ausreißer nicht mehr gibt, damit der Faktor restlos ins Negative abrutscht? Wodurch lässt sich das verhindern?

- Womit könntest du dazu beitragen, dass die Zahl der erfreulichen Ausnahmen zunimmt? Wer oder was könnte dich dabei unterstützen?

Halte im Logbuch jede Idee und jeden Ansatz fest, der dir zur Verbesserung der Situation einfällt.

Deine heutige Bewertung dieser Bedingung bewegt sich zwischen »-1« und »-3«. Stelle dir vor, dass es demnächst gelungen sein wird, deine Zufriedenheit in dieser Hinsicht auf der Skala einen Punkt Richtung Zufriedenheit zu verbessern.

- Woran wirst du den Schritt in die richtige Richtung erkennen? Was wird sich konkret verändert haben?

- Wer in deinem Umfeld wird es als Erstes merken, dass sich die Bedingung um einen Punkt verbessert hat? Woran?

- Wodurch könntest du zu dieser Verbesserung beigetragen haben? Was könnten Impulse, Ansätze oder Auslöser gewesen sein?

- Was könntest du konkret als Erstes unternehmen, um in diesem Punkt einen kleinen Schritt in die richtige Richtung zu tun?

Im nächsten Schritt lässt du Menschen zu Wort kommen, die aus ganz unterschiedlichen Perspektiven in der Lage sein könnten, dir wertvolle ergänzende Hinweise zu geben. Notiere wieder so viele Ansätze wie möglich.

- Wessen Rat hast du als Kind besonders geschätzt und gerne angenommen? Was würden diese Menschen jeweils heute sagen, wenn du nach einem Tipp zur Verbesserung in diesem Punkt fragen würdest?

- Wahrscheinlich kennst du Menschen, die mit diesem speziellen Thema offensichtlich keine oder zumindest weniger Probleme haben. Was würde er/sie an deiner Stelle tun oder dir wohlwollend raten? Suche den persönlichen Austausch. Wenn das für dich nicht möglich oder gewünscht ist, dann stelle dir bestmöglich vor, wie eine Antwort aussehen könnte.

- Welchen Eindruck hätte wohl ein völlig Fremder, der dich beobachtet und zu den Möglichkeiten einer Verbesserung einen Kommentar oder Ratschlag formulieren soll?

- Vielleicht fällt dir auch dieser Ansatz leichter: Eine geschätzte Kollegin steht vor der gleichen Herausforderung und bittet dich um Rat. Was würdest du ihr sagen und raten?

Stell dir vor, du wachst eines Morgens auf und realisierst, dass du in diesem Punkt dein Ziel vollständig erreicht hast. Aus einer belastenden Bedingung ist eine geworden, die einen ausschließlich positiven Einfluss auf deine Zufriedenheit hat, die dir täglich Kraft, Motivation und Energie schenkt.

- Wie genau würde dieser Idealzustand aussehen? Was wäre anders?

- Welche Auswirkungen hätte dieser Sprung für dich? Woran wirst du erkennen, dass es dir besser geht?

- Woran werden andere bemerken, dass es diese Entwicklung gegeben hat?

- Welche Lösungsansätze und Veränderungen könnten diese Entwicklung ausgelöst haben?

- Womit könntest du dazu beigetragen haben?

Die Methode von de Shazer setzt im Kern auf die Grundlagen des »systemischen Fragens«. Sie hilft dabei, aus der eigenen Befindlichkeit herauszutreten und möglichst unterschiedliche ungewohnte Perspektiven (zum Beispiel Familienmitglieder, ehemalige Klassenkameraden, Vorgesetzte, Zeitsprünge, Szenarien etc.) zu nutzen und zu integrieren. Inzwischen ist vielfach belegt, dass auf diesem Weg frische und alternative Ideen und Einfälle zu einem Thema die besten Aussichten haben, ans Licht zu kommen.

Überlege, ob ergänzend zu den oben beleuchteten Perspektiven weitere Sichtweisen für dich persönlich bereichernd sein könnten. Ergänze die jeweils vermuteten Anmerkungen und Hinweise.

Bereit zum Aufbruch?

Die Dinge, die ich im Leben am meisten bereue,
sind diejenigen, die ich nicht gemacht habe.
Steve Jobs

Du hast die Grundlagen für deine Reise hin zu mehr beruflicher Zufriedenheit erarbeitet und aufgeschrieben. Die Aufgaben, die du besonders gerne und gut übernimmst. Die Bedingungen, die dich aufblühen und mit voller Kraft und Motivation erfolgreich sein lassen. Die vielfältigen Möglichkeiten und Ansatzpunkte, mit denen du diese Diskrepanz Schritt für Schritt abbaust und dich deiner Zielvorstellung konsequent nähern kannst.

All das ist für das ausgerufene und ersehnte Ziel und für den Weg dorthin unverzichtbar.

Am Ende wird es nicht mehr als eine aufregende Fantasie bleiben, wenn es dir nicht gelingt, die Gedanken, Worte und Erkenntnisse in konkrete Entscheidungen und Handlungen zu übersetzen.

5.4 Vom Träumen zum Tun

Wer vom Glück immer nur träumt,
darf sich nicht wundern,
wenn er es verschläft.
Ernst Deutsch

*Was **kann** ich tun?*

Das ist die Frage, die du bisher systematisch beantwortet hast.

*Was **werde** ich tun?*

So lautet die entscheidende Frage, um die es in der jetzt anstehenden finalen Phase geht.

Widerstand

Du siehst die Chance, deine Arbeit und dein Leben nachhaltig besser zu machen. Es liegt in deiner Hand, die ersten Schritte auf dem Weg in diese vielversprechende Zukunft zu gehen.

Warum solltest du zögern?

Weil der Abschied vom Bekannten, die Aufgabe von Gewohntem und der Aufbruch in eine unbekannte Zukunft schwerfällt.

Weil das Unterbewusste auf alles Unbekannte erst einmal standardmäßig mit Widerstand reagiert.

Physiker kennen das Phänomen des Trägheitsmomentes, das Newton als Erster erkannt und in seinen Axiomen formuliert hat.

Ein Körper verharrt im Zustand der Ruhe
oder der gleichförmig geradlinigen Bewegung,
sofern er nicht durch einwirkende Kräfte
zur Änderung seines Zustands gezwungen wird.

Isaac Newton

Auch auf Menschen und die Bereitschaft zur Veränderung ist dieses Naturgesetz übertragbar.

Ohne zwingende Gründe widersetzen wir uns instinktiv der Veränderung des aktuellen Zustandes. Unzählige Veränderungsvorhaben scheitern, weil diese Widerstände unterschätzt werden und die Entwicklung dann im Hintergrund ungestört sabotieren.

Veränderung ist unbequem. Neben Chancen bringt sie immer auch Risiken mit sich. Unser Unterbewusstes ist darauf trainiert, Unbequemes, unnötigen Energieeinsatz und vermeidbare Risiken zu minimieren. Selbst wenn wir ausgesprochen unzufrieden sind mit der aktuellen Situation. Eine Garantie dafür, dass die Alternative tatsächlich so viel besser ist, kann und will uns schließlich niemand geben.

Im Zweifelsfall sind wir darauf programmiert, beim Bekannten, Bequemen und vermeintlich Sicheren zu bleiben. Die Standardempfehlung lautet dann: Bleib, wo du bist. Die guten und vernünftigen Vorsätze für das neue Jahr, die jedes Jahr wieder in der Versenkung verschwinden, beweisen das in frustrierender Regelmäßigkeit.

Der Autor Sheldon B. Kopp formuliert das so:

Eigentlich will ich mich gar nicht verändern.
Weil mir die Sicherheit des bekannten Elends lieber ist
als die Unsicherheit des Neuen und Unvertrauten.
Sheldon B. Kopp

Möglicherweise kommt dir dieses Verhalten bekannt vor. Wehrlos ausgeliefert bist du ihm glücklicherweise nicht. Es liegt in deiner Hand, sowohl den Widerstand als auch das Elend hinter dir zu lassen und entschlossen in eine vielversprechende Zukunft aufzubrechen.

Die erste Voraussetzung dafür ist es, deine Entscheidung auszusprechen. Vorbehaltlos, laut und deutlich. Dir selbst und anderen gegenüber.

Selbst-Verpflichtung

Schreibe deinen Entschluss auf, setze deine Unterschrift unter das Dokument und platziere es dort, wo es dich regelmäßig erinnert.

Dieses sichtbare Bekenntnis steigert die Verbindlichkeit deiner Entscheidung nachweislich erheblich. Auf deinem Weg werden innere Widerstände, äußere Hindernisse und Rückschläge zu verkraften sein. Die (Selbst-)Verpflichtung wird dir in den entscheidenden Momenten die notwendige Entschlossenheit und Stärke geben, um diese Durststrecken zu überwinden.

5.5 Schritt für Schritt Richtung Ziel

Bis hierher hat sich deine gesamte Reise im Kopfkino abgespielt. Das mag informativ und aufregend sein. Wenn anschließend nichts passiert, bleibt es »ungefährlich« und ohne reale Konsequenzen.

Jetzt ist der Moment gekommen, um aus der virtuellen Welt in die reale zu treten und tatsächlich aufzubrechen.

Für den inneren Bremser, Skeptiker und Saboteur liegt hier die letzte Gelegenheit, diesen entscheidenden Schritt noch aufzuhalten. Und wenn das Verhindern nicht gelingt, dann zu verzögern und aufzuschieben.

Der Zeitpunkt für Veränderung ist nie perfekt. Immer lassen sich plausible Gründe dafür finden, noch einmal abzuwarten. Die Versuchung ist groß, heute ein letztes Mal auf die Warnungen und Beschwichtigungen zu hören und den Aufbruch auf morgen zu verschieben. Schließlich wird der eine Tag keinen entscheidenden Unterschied machen.

Irgendwann blickt man dann zurück und realisiert betroffen, was Luther warnend so formuliert hat:

Wie schnell sich »nicht jetzt« in »niemals« verwandelt hat.

Martin Luther

Lass dich von inneren und äußeren Widerständen weder überraschen noch von deinem Entschluss abbringen. Wenn du den bedauernden Rückblick auf vertane Gelegenheiten vermeiden willst, dann gibt es neben der kompromisslosen Selbstverpflichtung eine weitere Zauberformel.

Fange an. Mache den ersten Schritt. Dann den nächsten, und den nächsten.

Der erste Schritt

Du hast verschiedenste mögliche Handlungsoptionen zur Verbesserung deiner Aufgaben und Bedingungen erarbeitet. Wähle aus jeder der beiden Listen zum Start mindestens eine Maßnahme, mit der du sofort loslegen kannst. Notiere jeweils in der Spalte »Start« das heutige Datum.

Starte mit etwas Naheliegendem, das dich nicht schon am ersten Tag vor extreme Herausforderungen stellt. Orientiere dich an erfahrenen Sportlern. Keiner von ihnen wird im ersten Training nach längerer Pause sofort an die Leistungsgrenze gehen. Für den nachhaltigen Erfolg ist es wichtig, bedacht anzufangen, geduldig und konsequent Muskeln zu regenerieren und mit ersten kleinen Erfolgen Motivation und Selbstbewusstsein zu kräftigen.

Lege los, mache diesen ersten Schritt und bleibe dann in Bewegung. Darauf kommt es jetzt an.

Fortschritt in Etappen

Eine Saison der Fußball-Bundesliga geht über ein Jahr und 34 Spiele. Ziel jeder Mannschaft ist es, am letzten Spieltag in der Tabelle so weit wie möglich oben zu stehen.

Auch wenn du dich nicht für Fußball interessierst, mag es sich lohnen, ein zentrales Rezept der erfolgreichsten Coaches zu bedenken und dir zu eigen zu machen.

In Interviews werden diese Trainer danach gefragt, was sie so erfolgreich macht. Die Ansätze sind so unterschiedlich wie die Typen und die Mannschaften. Eine Antwort geben trotzdem alle übereinstimmend und gebetsmühlenartig. Stellvertretend klingt das in einem Interview so:

Im Fußball kommt es am Ende auf eines an: Das nächste Spiel zu gewinnen. Und dann das nächste. Und so weiter.

Natürlich ärgern sich Profis, wenn ein Spiel verloren geht oder der aktuelle Tabellenplatz nicht den Erwartungen entspricht. Dauerhaft aus der Ruhe bringen oder aufhalten lassen sie sich dadurch nicht.

Sie freuen sich, wenn ein überraschender Sieg gelingt oder die Entwicklung besser ist als erwartet. In eine trügerische Sicherheit und blendende Euphorie verfallen sie genauso wenig.

Aus beiden Situationen ziehen sie für die weitere Entwicklung ihre Lehren und lassen diese in die nächste Etappe einfließen. Noch besser vorbereitet konzentrieren sie sich auf den nächsten Schritt zum anvisierten Ziel. Auf das nächste Spiel, die nächste Aufgabe, den nächsten Erfolg. Übertragen auf dein Ziel und deinen Weg dahin bedeutet das:

Konzentriere dich jeweils auf die vor dir liegende überschaubare Etappe, auf leistbare Maßnahmen und erreichbare Zwischenziele statt auf ein weit entferntes, überwältigendes und mit vielen Unwägbarkeiten belegtes Endziel.

Nutze den Übergang von einer Etappe zur nächsten, um das Geschehene zu reflektieren, die Richtung zu prüfen und deine Maßnahmen zu optimieren.

Unbelastet von Tagesform und kurzfristigen Schwankungen stelle regelmäßig sicher, dass der Trend stimmt, du dich unbeirrt Richtung Ziel bewegst und das Ziel noch unverändert richtig ist.

Starte mit einer festen Etappenlänge. Bewährt hat sich die Planung und Realisierung von Woche zu Woche. Lege dich auf einen regelmäßigen Termin fest, an dem du die vergangene Etappe reflektierst und die nächste Woche vorbereitest.

Wähle Tag und Uhrzeit so, dass du die realistische Chance zur konsequenten Einhaltung siehst. Das kann der Freitagnachmittag zum Ausklang der Woche sein. Oder der Sonntag mit etwas Abstand und im Ausblick auf die neue Woche.

Entscheidend ist nicht der gewählte Tag, sondern der Aufbau und die konsequente Einhaltung einer zuverlässigen Routine.

5.6 Wochen-Log

Dokumentiere jeden der wöchentlichen Termine auf einer neuen Seite deines Logbuches. Notiere die folgende Struktur. Oder nutze die Vorlage im Bonusmaterial.

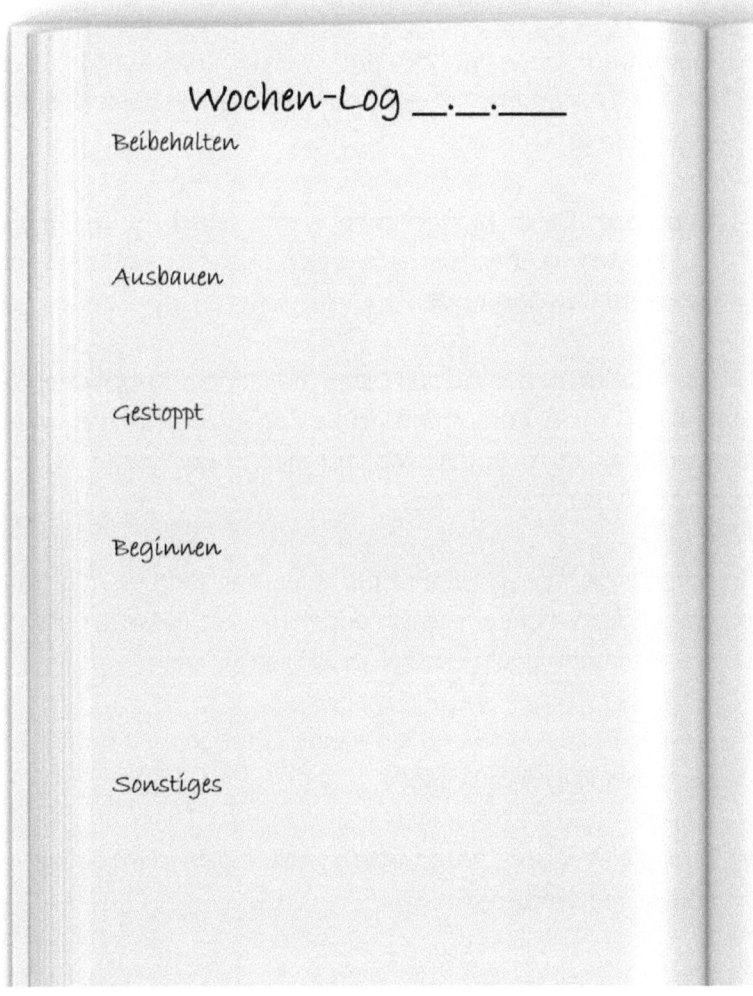

Abbildung 19: Wochen-Log

Reflektiere die seit dem letzten Log vergangenen Tage. Sieh dir dazu an, was du dir beim letzten Mal vorgenommen hattest. Entscheide für jede einzelne Maßnahme, wie du damit weiter verfahren willst, und notiere sie unter der passenden Überschrift.

- **Beibehalten:** Diese Maßnahmen werde ich weiter umsetzen, weil ich mir davon immer noch Fortschritte erwarte.

- **Ausbauen:** Diese Maßnahmen werde ich mit noch mehr Kraft und Aufmerksamkeit angehen, weil sie besonders Erfolg versprechend sind.

- **Gestoppt:** Diese Maßnahmen werde ich nicht weiter verfolgen, weil sie entweder erfolgreich ausgeschöpft sind oder sich nicht bewährt haben.

Blättere zurück zu den beiden Listen mit Handlungsoptionen zur Optimierung von Aufgaben und Bedingungen. Notiere in den beiden Listen für beendete Maßnahmen in der Spalte »Stopp« das Datum des Wochen-Logs.

Entscheide dich anschließend für neue Maßnahmen, die du in der folgenden Woche zusätzlich angehen willst. Falls die Auswahl schwerfällt, dann orientiere dich an diesen Kriterien:

- Starker Einfluss. So kann ich meine Zufriedenheit hoffentlich besonders stark verbessern.

- Schnelle Wirkung. So kann ich meine Zufriedenheit besonders schnell verbessern.

- Hohe Effizienz. So kann ich meine Zufriedenheit mit geringem Aufwand verbessern.

Halte bei den ausgewählten Vorsätzen in den Listen das Start-Datum fest und übertrage sie auf die Log-Seite.

- **Beginnen:** Diese neuen Maßnahmen aus den aufgelisteten Handlungsoptionen werde ich auf der nächsten Etappe ausprobieren.

- **Sonstiges:** Notiere unter der abschließenden Überschrift alles, was dir ansonsten noch wichtig ist. Halte alle ergänzenden Ideen, Erkenntnisse und Fragen fest.

Der Plan für die kommende Woche steht.

Sei wachsam und stelle dich darauf ein, dass Widerstände, Ablenkungen und Ausreden unablässig alles daransetzen werden, dass es bei dem Vorsatz bleibt und sich in der Realität nichts ändert.

Die tatsächliche Verbesserung wird sich nur dann einstellen, wenn dir wieder die konsequente Umsetzung in deinen Alltag gelingt.

Sorge dafür, dass dein aktuelles Wochen-Log bis zum nächsten Termin permanent präsent ist. Räume ihm die größtmögliche Aufmerksamkeit und den Stellenwert ein, den deine berufliche Zufriedenheit und Motivation verdient.

Plane vorerst jede Woche mit einem neuen Wochen-Log.

5.7 Monats-Review

Neben der wöchentlichen Detailplanung hat es sich bewährt, zusätzlich **an jedem ersten Wochen-Log im Monat** den nachhaltigen Trend zu überprüfen. Dann geht es darum, unabhängig von einzelnen Ereignissen und kurzzeitigen Schwankungen die nachhaltige Entwicklung zu beurteilen, Erkenntnisse abzuleiten und gegebenenfalls Anpassungen an der Zielstellung oder deiner Vorgehensweise vorzunehmen.

Beginne die Reflexion mit den vier Quadranten deines **JobCockpits**.

- **Aufgaben** und **Bedingungen:** Beurteile Zeile für Zeile den aktuellen Status nach den gleichen Kriterien, die du bei der initialen Bewertung angelegt hast. Falls sich gegenüber der letzten Einschätzung etwas verändert hat, dann markiere die neue Bewertung mit einem neuen »**x**«. Streiche die vorherige Markierung durch und verbinde beide mit einem Pfeil vom Alten zum Neuen. So bist du später in der Lage, die zeitliche Entwicklung nachzuvollziehen. Selbstverständlich ist das Ziel, die Faktoren konsequent zu verbessern. Aber auch eine Stagnation oder sogar Verschlechterung ist im Einzelfall kaum zu verhindern An dieser Stelle ist erst einmal die aufrichtige Dokumentation wichtig. Der Umgang mit möglichen Rückschlägen wird im nächsten Kapitel thematisiert.

-3	-2	-1	Der aktuelle Einfluss dieser **Bedingung** ist „-3"(unerträglich), „-2"(belastend), „-1"(unwesentlich) **Energiefresser**
✗→✗			Bevormundung, fehlende Handlungs-freiheit, Micromanagement
✗←✗			Unaufrichtigkeit, Show
✗——→✗			Langeweile, Unterforderung

Abbildung 20: JobCockpit monatliche Aktualisierung

- Überprüfe auch, ob die ursprünglichen Formulierungen für Aufgaben und Bedingungen noch stimmig sind. Es mag sein, dass im Lauf der Zeit neue Aufgaben oder Bedingungen wichtig werden und andere an Bedeutung verlieren. Passe dein JobCockpit entsprechend an.

- Sei bei der Bewertung maximal ehrlich mit dir. Eine übermäßig euphorische Einschätzung ist an der Stelle genauso wenig hilfreich wie die übertrieben skeptische und negative.

- **Gesamtzufriedenheit, Trend:** Im Gewirr der Einzelmaßnahmen und Indikatoren kann es schwer werden, den Überblick und das Gefühl dafür zu behalten, ob sich überhaupt etwas verändert hat.

In der ersten Übung des Logbuches hast du neben deiner Ausgangsstory auch den damaligen Stand deiner Gesamtzufriedenheit festgehalten.

Vergleiche deine heutige berufliche Situation und Zufriedenheit mit der letzten Bewertung. Was hat sich seitdem verbessert, was ist eher schlechter geworden? An welchen konkreten Aspekten und Beispielen zeigt sich diese Veränderung?

Ignoriere für den Moment deine akute Stimmung, einzelne
Maßnahmen und kurzzeitige Veränderungen. Richte deine
Wahrnehmung stattdessen auf die übergreifende, objektive
Entwicklung seit dem letzten Reflektieren deiner Gesamt-
zufriedenheit. Nutze die Wochen-Logs, um einzelne Etappen
und Veränderungen in Erinnerung zu rufen.

Markiere mit einem neuen »x« und dem aktuellen Datum die
Stelle, die deiner momentanen Gesamtzufriedenheit mit deiner Arbeitssituation entspricht.

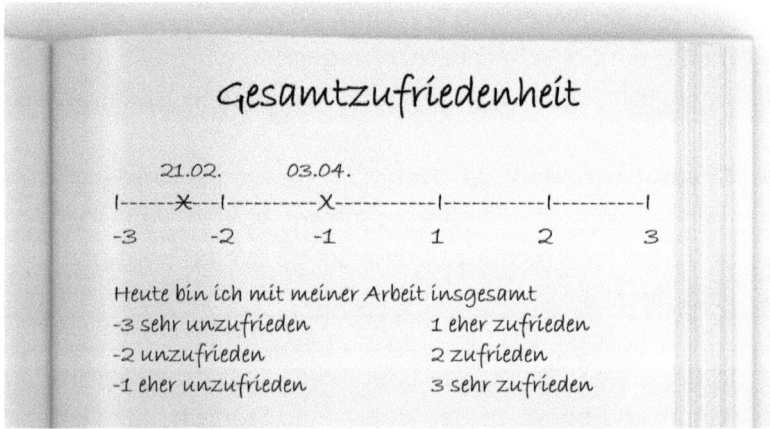

Abbildung 21: Gesamtzufriedenheit Trend

Beantworte auf dem aktuellen **Wochen-Log**, also dem ersten Log des laufenden Monats, zusätzlich zu der wöchentlichen Dokumentation der Maßnahmen folgende Fragen:

»Fokus«: Wie hoch war im vergangenen Monat der Grad an Aufmerksamkeit auf deine Ziele und die notwendigen Maßnahmen? Wodurch war deine Aufmerksamkeit abgelenkt? Was kannst du im nächsten Monat tun, um dich noch konsequenter auf deine Vorsätze und Maßnahmen zu konzentrieren?

»Lehren«: Was ist nicht gut gelaufen? Wie hast du jeweils dazu beigetragen? Was kannst du daraus für die zukünftige Entwicklung lernen? Was hat im vergangenen Monat gut funktioniert? Was hat sich im Alltag als besonders effizient und erfolgreich bewährt?

»Trend«: Wer oder was kann darüber hinaus dazu beitragen, deine Zufriedenheit im kommenden Monat mindestens um einen Punkt auf der Skala in die positive Richtung zu verschieben?

6. UNTERWEGS: ZUFRIEDEN BLEIBEN

»StopOver« in der Luftfahrt heißt: Zwischenlanden, auftanken, mit frischer Kraft und neuen Kursdaten durchstarten.

Nach dem Start gibt es erst einmal viel zu tun, um die Maschine auf das notwendige Tempo und auf die optimale Flughöhe zu bringen.

Irgendwann wird dann nach dem anfänglichen Steigflug die geplante Höhe und Reisegeschwindigkeit erreicht. Die Anschnallzeichen werden abgeschaltet. Erhöhte Konzentration und Anspannung zum Start weichen einer gelasseneren Routine.

Hinter dir liegt eine vergleichbare Reise. Du hast Bilanz gezogen, frische Ziele gesetzt und die mutige Entscheidung getroffen, den sicheren, aber unbefriedigenden Hafen zu verlassen.

Du bist aktiv geworden, hast unterschiedliche Maßnahmen ausprobiert und regelmäßig optimiert. Manche Aktivitäten haben die erhoffte Wirkung erzielt und sind abgeschlossen. Andere sind eingeleitet und beginnen zu greifen.

Du bist nicht am Ziel, aber auf einem guten Weg dorthin. An die Stelle der zum Teil massiven Startmaßnahmen treten subtilere Aktivitäten und gezielte Manöver.

Die konsequente wöchentliche und monatliche Überprüfung des Kurses kann dann einer sporadischen und bedarfsgesteuerten Kontrolle und Nachsteuerung weichen. Solange die Richtung stimmt, ist es nicht notwendig, aktiv einzugreifen. Bei Bedarf wird sie, oft kaum merklich, angepasst und optimiert.

6.1 Hindernisse und Rückschläge überwinden

Nach all der Vorarbeit, Planung und Überwindung ist es sehr nachvollziehbar, wenn du dir nun eine angenehme Reise erhoffst.

Unterwegs wird es tatsächlich Phasen geben, in denen du erhebliche Fortschritte machst. Deine Maßnahmen greifen und der eine oder andere scheinbar glückliche Zufall verstärkt deine Zuversicht.

Entwicklungen verlaufen allerdings selten geradlinig. Stattdessen folgt nach zwei erfolgreichen Schritten Richtung Ziel oft der sprichwörtliche Schritt rückwärts.

Dann gewinnst du möglicherweise den Eindruck, dass Gegenwind, Durststrecken und Rückschritte Überhand nehmen, und stellst alles Erreichte infrage. Unerwartete Widerstände, Enttäuschungen, Zeiten kurzzeitigen Stillstandes und frustrierende Rückschläge kosten Kraft. Die Welt scheint sich gegen dich verschworen zu haben.

Diese Phasen sind frustrierend. Und sie sind unvermeidlich. Der Umgang mit ihnen entscheidet über Scheitern oder finalen Erfolg deines Vorhabens.

Selbstvorwürfe oder Resignation helfen genauso wenig weiter wie übertriebene Ungeduld. Sie rauben vielmehr wichtige Energie und Motivation.

Konzentriere dich stattdessen auf mögliche Lehren, die du für die weitere Entwicklung ziehen kannst. Und dann auf deinen nächsten Schritt und darauf, den Kurs wieder ins Positive zu drehen.

Vor allem konzentriere dich darauf, was Reinhold Niebuhr in seinem Gelassenheitsgebet nahelegt: auf das, was du selbst beeinflussen kannst. Auf die unzähligen kleinen und großen Wahlmöglichkeiten und Entscheidungen, die kontinuierlich deinen Weg kreuzen und beeinflussen. Auch wenn sie im Einzelfall unwichtig erscheinen, entscheiden sie in der Summe darüber, ob du deinem Ziel beständig näherkommst oder dich davon entfernst.

Schnell und sicher navigieren

Dein JobCockpit solltest du auf dem Weg immer vor Augen haben. Nutze es kontinuierlich, um Alternativen auf den Prüfstand zu stellen und gezielte Entscheidungen zu treffen.

Manchmal wird dir die Zeit oder Gelegenheit für diese ausführliche Prüfung fehlen. In Situationen, in denen du sofort und unvorbereitet eine Wahl treffen musst, lässt sich der Entscheidungsprozess letztendlich auf eine zentrale Frage und ein Kriterium reduzieren:

Wird diese Entscheidung dazu beitragen,
meine berufliche Zufriedenheit zu steigern?

Das klingt einfach und ist es auch. Immer wenn die Antwort auf diese geschlossene Frage ein »Nein« ist, dann lass es. Wenn du mit einem »Ja« antworten kannst, dann tue es.

Richte dein Handeln ab sofort und wann immer möglich nach diesem simplen Schema aus.

Du wirst damit nicht vollständig vermeiden können, dass du eine einzelne Wahl im Rückblick anders treffen würdest. In der Summe schaffst du auf diese Weise jedenfalls die größtmögliche Aussicht darauf, dauerhaft zufriedener zu sein.

6.2 Kontinuierlich verbessern

Alles ist in Bewegung. Auch dein JobCockpit wird nicht unverändert bleiben. Sowohl bei den Aufgaben als auch den Bedingungen bildet es einen sich dynamisch entwickelnden Zustand ab.

Grundlegende Werte und Talente bleiben relativ konstant. Äußere Umstände hingegen verändern sich genauso wie die eigenen Rahmenbedingungen und akuten Bedürfnisse. Prioritäten verschieben sich.

Das JobCockpit einer 30-Jährigen stellt mit hoher Sicherheit andere Schwerpunkte in den Mittelpunkt als jenes einer 50-Jährigen.

Im Laufe der Zeit wirst du neuen Aufgaben begegnen, die Freude bereiten. Andere Aktivitäten verlieren ihren Reiz und werden zur Last.

Manche Veränderungen treffen dich überraschend und massiv, sind kaum zu übersehen. Andere schleichen sich über Monate mit minimalen, für sich betrachtet kaum spürbaren Schritten ein. Immer führen sie zu Verschiebungen im JobCockpit, die für die weitere Entwicklung und die gezielte Steuerung gravierende Konsequenzen haben können.

Entsprechend macht es Sinn, das Bild beständig zu beobachten und es bei Bedarf neu zu justieren.

Sei wachsam und achte auf Hinweise und Symptome. Deine Stimmung verändert sich. Dein Körper sendet Warnsignale. Menschen, die dir nahe stehen, zeigen ihre Besorgnis.

Nimm dir in diesen Phasen die Zeit und den Raum, mit Unterstützung deines JobCockpits Situationen und Entwicklungen zu verstehen.

Ständig besser werden

Kaizen ist ein japanischer Begriff für eine Denkhaltung, die zentral zum wirtschaftlichen Erfolg des Landes beigetragen hat. Dabei steht »Kai« für »Wandel« und »Zen« bedeutet »zum Besseren«.

Stetiges Hinterfragen der eigenen Beobachtungen, Bewertung der Handlungsoptionen und beherztes Korrigieren deines Kurses garantiert die größtmögliche Wahrscheinlichkeit einer Entwicklung zum Positiven.

Dieses Verständnis einer kontinuierlichen Verbesserung will ich dir zum Abschluss mitgeben auf deinen Weg hin zu anhaltender beruflicher Zufriedenheit.

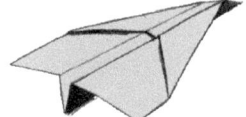

7. ANKOMMEN

Ich bin mit meiner Arbeit nicht mehr zufrieden.

Muss ich mich damit abfinden?

Was kann ich tun, um berufliche Zufriedenheit,
Anerkennung und Motivation zurückzugewinnen?

Zum Anfang des Buches bist du mit diesen Fragen empfangen
worden.

Du hast dich auf neue Gedanken, herausfordernde Recherchen
und die anstrengende Suche nach Auswegen eingelassen. Zum
Ende hoffe ich, dass du für dich stimmige Antworten entdeckt hast.

Ich wünsche dir, dass hinter dir ein optimistischer Aufbruch liegt,
dass du auf dem besten Weg in die berufliche Zukunft bist, die du
dir vorstellst.

Und falls du bis hierher gelesen hast und noch zögerst, dann will
ich noch einmal André Gide zitieren.

> *Du entdeckst keine neuen Erdteile,*
> *ohne den Mut zu haben,*
> *alte Küsten aus den Augen zu verlieren.*
> André Gide

Was auch immer deine Definition von neuen, vielversprechenden
Erdteilen ist: Ich wünsche dir den Mut, von überholten Sicherhei-

ten loszulassen, und eine glückliche und sichere Hand auf deiner Reise dorthin.

7.1 Ein Anliegen

Mich haben die ersten Zeilen dieses Buches in eine Zeit zurückversetzt, die ich fast vergessen hatte. Eine Zeit, in der der äußere Schein die miserable berufliche Realität fast verdeckt hat. In der ich wusste, dass es so nicht weitergehen konnte. In der ich mich nach einem Ausweg und einer motivierenden Perspektive gesehnt habe.

Die vergeblichen Ausbruchsversuche und die drohende Resignation liegen heute in weiter Ferne. Die Erkenntnisse und Ansätze, die zuerst mir selbst und in den folgenden Jahren anderen Unzufriedenen den Weg in einen zufriedenstellenden und bereichernden Arbeitsalltag ermöglicht haben, sind in dieses Buch eingeflossen.

Meine Hoffnung und Intention ist es, auf dem Weg diese Erfahrungen allen interessierten und veränderungswilligen Leserinnen und Lesern zu erschließen.

Die gemeinsame Arbeit, die vielfältigen Begegnungen und ehrlichen Gespräche haben mir deutlich gemacht, wie viele Menschen auf der verzweifelten Suche nach dem Weg in eine optimistische und zufriedenstellende berufliche Zukunft sind.

Meine Bitte: Teile mit diesen Weggefährten deine Erlebnisse, Erfahrungen und die Bewertung darüber, ob das Buch dich auf deiner Reise weitergebracht hat.

Hilfreich und praxistauglich. Wertvoll. Nichts für mich.

Wie immer dein Fazit ausfällt:

Erzähle davon, wenn du angesprochen wirst oder glaubst, dass es hilfreich sein kann.

Mache deine Bewertung auf Amazon öffentlich und gib damit mehr Menschen die Chance, an deinen Erfahrungen und Erkenntnissen teilzuhaben.

Zur Bewertung gelangst du auf der Buchseite über den Button »Kundenrezension verfassen«, den du links neben den vorhandenen Rezensionen findest. Oder du nutzt den folgenden direkten Link:

 *https://www.amazon.de/review/create-review/?ie=UTF8&channel=glance-detail&asin=B09TTGVSS9*

7.2 Eine Einladung

Zu Beginn des Buches habe ich Hilfe zur Selbsthilfe in Aussicht gestellt. Wie weit dieses Versprechen eingelöst worden ist, kannst nur du beurteilen.

Tatsächlich kann es gelingen, vollständig aus eigener Kraft zum Ziel zu gelangen. Oder aber du merkst unterwegs, dass du zwischendrin den Überblick verlierst und nicht weiterkommst.

Dann hole dir Unterstützung. Bei Vertrauten, bei Menschen, die sich professionell mit Beruf, Berufung und Karriere beschäftigen.

Falls ich dabei einen Beitrag leisten kann, mache ich das gerne. Ich freue mich über jede Interaktion, dein Feedback, Berichte über Erfolge und Erfahrungen.

Das funktioniert über meine Webseite:

- *https://repplinger.com/*

Oder du vernetzt dich mit mir über einen meiner Auftritte auf LinkedIn oder Xing:

- *www.linkedin.com/in/repplinger-coaching*

- *https://www.xing.com/profile/Christian_Repplinger*

- *https://coaches.xing.com/profile/Christian_Repplinger*

Ich wünsche dir Kraft, Erfolg und Freude auf deinem Weg und freue mich, wenn wir in Verbindung bleiben.

Christian Reßlinger

7.3 Verweise

Alle zitierten Weblinks wurden zuletzt im Februar 2022 abgerufen.

1 FAZ.NET (2018, 29. August). Fünf Millionen Deutsche haben innerlich gekündigt. *https://www.faz.net/aktuell/karriere-hoch-schule/buero-co/merheit-der-arbeitnehmer-haben-innerlich-schon-gekuendigt-15753720.html*

2 FAZ.NET (2018, 29. August). Fünf Millionen Deutsche haben innerlich gekündigt. *https://www.faz.net/aktuell/karriere-hochschule/buero-co/merheit-der-arbeitnehmer-haben-innerlich-schon-gekuendigt-15753720.html*

3 Kaltgestellt – brand eins online (2011). Berg, R. *https://www.brandeins.de/magazine/brand-eins-wirtschaftsmagazin/2012/nichtstun/kaltgestellt*

4 von Hirschhausen, E. Das Pinguin-Prinzip, online verfügbar unter: *https://youtu.be/sY5390AsTbo*

5 Csikszentmihalyi, M. (2008): Flow: The Psychology of Optimal Experience, Harper Perennial Modern Classics; 1. Edition (2008, 1. Juli)

6 The Counterintuitive Concept of Burnout Skills (2011, 4. Juni). A Country Doctor Writes: *https://acountrydoctorwrites.blog/2011/06/04/the-counterintuitive-concept-of-burnout-skills/*

7 Blanchard, T. (2019, 5. September). Why Are Signature Strengths and Well-Being Related? Tests of Multiple Hypo-

theses. SpringerLink. *https://link.springer.com/article/10.1007/ s10902-019-00170-2?error=cookies_not_supported&code= 4082eddc-4433-4470-8ea2-5ed1f70434a7*

8   Hegmann, G. (2016, 9. Oktober). Personalsuche: Siemens be-
    nutzt Mitarbeiter als Headhunter. DIE WELT. *https://www.welt.
    de/wirtschaft/article158648372/Siemens-benutzt-Mitarbeiter-
    als-Headhunter.html*

9   Ilg, P. (2019, 13. März). Headhunter: Die meisten Mitarbeiter
    sind latent wechselbereit. heise online. *https://www.heise.de/
    newsticker/meldung/Headhunter-Die-meisten-Mitarbeiter-sind-
    latent-wechselbereit-4334372.html*

10 Destatis (2021). Gewerbeanmeldung. Statistisches Bundes-
    amt. *https://www.destatis.de/DE/Themen/Branchen-
    Unternehmen/Unternehmen/Gewerbemeldungen-Insolvenzen/
    Tabellen/list-gewerbemeldungen.html*

11 Profesional, G. B. B. (2014, 21. Juli). Crafting a Job: Revisio-
    ning Employees as Active Crafters of Their Work. Authors
    Wrzesniewski, A. and Dutton, Jane E. *https://www.academia.
    edu/7739043*

7.4 Abbildungen